JN294034

英語のしくみと訳しかた

真野　泰

研究社

Copyright © 2010 by Yasushi Mano

'Our Nicky's Heart' by Graham Swift
Copyright © 2000 by Graham Swift
Japanese and English bilingual rights arranged with Graham Swift
c/o A.P. Watt Limited, London through Tuttle-Mori Agency Inc., Tokyo.

Examples from *Longman Dictionary of Contemporary English*, Fifth edition.
Copyright © Pearson Education Limited, 1978, 2009

はじめに

　ああ、そうだったのか！　中学入学以来英語を勉強してきて、何度もそう心のなかで叫びました。モヤモヤがふっきれて爽快ですが、それならそうと、いっといてくれればよかったのにと思わなくもない。そういうのを集めたのが、この本の第Ⅰ部「文法＋α」です。

　たとえば、最初にお話しする「動作名詞」のこと。これに気づいたときのことは忘れません。第6版というと歳がばれますが、*Concise Oxford Dictionary* の当時の最新版を眺めていたのです。すると **recognition** が 'Recognizing or being recognized' と定義されているではないですか。向かい合わせのページでは **reception** がやはり 'Receiving or being received' となっている。うーむ。動詞のときは主語が目的語に作用するという一方通行なのに、名詞になると方向性を失うのか。

　第Ⅰ部では例を数多く引きました。今世紀に入ってからの小説や新聞雑誌からの文、20世紀初頭のピーター・ラビットからの文。ヴィクトリア朝の小説からも、18世紀の詩からも。ジェイン・オースティンも欽定訳聖書もシェイクスピアも顔を出します。もちろん、第Ⅱ部で扱う現代イギリスの短篇からも拾いました。また、出典を示さずに番号だけふった短い例文は *Longman Dictionary of Contemporary English* の第5版から拝借したものです（冊子体の *LDOCE* 本体に載っている例文ばかりでなく、付属のDVD-ROMでしか見られない例文を含みます）。という具合で、例文は多種多様ですが、大多数がイギリスのものとなったことをお断りしておきます。

本書の第Ⅱ部「翻訳＋α」は2008年4月から2009年10月まで研究社の『英語青年』に連載した「英語小説翻訳講座」に手を入れたもので、イギリスの小説家 Graham Swift（1949 – ）の短篇 'Our Nicky's Heart'（2000）を日本語に訳していきます。翻訳講座といっても、英語から日本語への——そんなものがあるとして——要領のよい変換ルールを教えましょうという趣旨ではありません。英語の形をよく見て、英語の意味をよく読みとりたい、できることならその形と意味を過不足なく伝える日本語を書きたい。でもなあ、うまくいかないんだよなあ、だって英語と日本語じゃだいぶ様子が違うものなあ。そんなふうに2つの言葉のあいだを右往左往し、しばしば立ちどまって考え、考え込んだ記録です。

　この本は、日本の大学入学試験程度の語彙と文法をひととおり身につけ、英語が好きで、自信だって結構あるけれど、もっと英語が読めるようになりたい、そんな方を念頭において書きました。つまり、仮想の読者は30年くらい前のわたし自身です。現実の読者のお役に立つとよいのですが、さてどうでしょう。

目 次

はじめに……iii
文法索引……vi

I 文法＋α……1

action noun 動作名詞……2
article 冠詞……7／comparative 比較級……14
coordinate conjunction 等位接続詞……19
ellipsis 省略……24／fronting of object 目的語の前置……30
inversion 倒置(I),(II)……35, 42／long words 長い単語……50
noun equivalent 名詞相当物(I),(II)……54, 62
objective complement 目的格補語……69
prepositional phrase 前置詞句……75
punctuation 句読法(I),(II)……80, 87
relative 関係詞(I),(II)……94, 102
subjective complement 主格補語……112
subjunctive 仮定法(I),(II)……117, 123／tense 時制……130
trope 言葉のあや……138／ word order 語順……145

II 翻訳＋α 英語小説翻訳講座 ……151

Graham Swift 'Our Nicky's Heart' の全文、翻訳、解説

あとがき……247

文法索引（五十音順）

隠喩……139-41, 159-60

婉曲語法……142-44

仮定法……17-18, 117-29, 172-73, 224, 225, 232-34

関係詞……94-111, →複合関係詞

冠詞……7-13, 96-101, 235

間接疑問……65-67

句読法……80-93, 241-42

語順……145-49

指示形容詞……234

時制……130-37, 182-84, 220

自由間接話法……184-85, 192-95, 223

修辞……138-44

主格補語……112-16

省略……24-29

推量の would……218-20

前置詞句……75-79

総称用法の you……178-80

直接話法と間接話法……188-90, 223-24, 234-35

等位接続詞……19-23

動作名詞……2-6

倒置……35-49, 119

動名詞か現在分詞か……58-61

人称代名詞……168, 188, 197-98

反語……141-42

比較級……14-18

描出話法 → 自由間接話法

複合関係詞……68, 108-11

法助動詞……125-29

名詞相当物……54-68

名詞の放り出し……228-30

目的格補語……69-74

目的語の前置……30-34

that 節……63-65

to 不定詞……56-58

I 文法+α

action noun　動作名詞

　教師の口が酸っぱくなり、生徒の耳にタコができるくらい、学校の英語で叩き込み、叩き込まれることのひとつに、**boring** と **bored** は違うよ、**desirous** と **desirable** は違うよ、というのがあります。各種の試験でもよく出ますね、**exciting** と **excited** の違いとか、**tolerant** と **tolerable** の違いとか。

　つまり他動詞（たとえば accept）から派生した形容詞には能動の意味をもつ形容詞（accepting, acceptive）と受動の意味をもつ形容詞（acceptable, accepted）があり、両者は明確に区別される。

　しかし、他動詞（accept）から派生した名詞はどうでしょう。ええ、名詞にもいろいろあります。動作主を表す名詞（acceptor）は能動性を保持する。ここで考えたいのは動作を表す名詞（acceptance）についてです。結論を述べるなら、動作名詞になると能動と受動を併せ呑む。動作名詞は度量が広い。おおらかで、ときに曖昧。

※

　では acceptance の使われかたを具体例で見ていきましょう。能動の意味で使われている例から始めます。

　まず、第Ⅱ部第9回、'Our Nicky's Heart' の原文2–3行目をご覧ください。

The one decision, or <u>inevitable acceptance</u>, was enough — too much.

　下線部を読むときは、「だれが何をやむを得ず accept したことかな？」と考え、この文に先行する1ページ半ほどの内容を思い出し、「ああ、両親が Nicky の生命維持装置を外すことを accept したことだな」と納得します。

※

　つぎはイギリスの作家 Susan Hill の短篇集 *A Bit of Singing and*

文法+α　I

Dancing (1973) に入っている **'Red and Green Beads'** です。主人公はフランスの村の司祭。若いころは村人に信仰心と道徳心を植えつけようと、神の教えを熱心に説いて回り、間違った考えかたをしている人がいれば躍起になって説得を試みた。しかし、いまでは、そんな自信過剰だったころの自分を思い出すと恥ずかしい。そんな記述のあとにつぎの1文がくる。

It had taken fifty years for him to learn something about <u>acceptance and silence</u>.

文中の him は司祭なので、下線部を読むときは「司祭が何を accept し、黙っていることかな？」と考える。先行部分を読んでも、**'Our Nicky's Heart'** のときのように特定の「何を」が書かれているわけではない。でも、若いころと現在との対比が強調されているから、「ああ、若いころには accept できなかったような、司祭の立場からは容認しがたい村人の考えかた、生きかたを、いまの司祭は黙って accept するんだな」と納得する。

※※※

もちろん、「だれが何を」accept するのか、当該の文中に明示的に書かれていることもあります。こんどの例はハーディの『テス』(1891) の第30章から。いまは貧農のテスの家が、さかのぼれば貴族の名門であると知って喜ぶエンジェルの台詞。エンジェルはテスと結婚したがっています。文中の extraction は「血統」「家柄」。

Society is hopelessly snobbish, and this fact of your extraction may make an appreciable difference to <u>its acceptance of you as my wife</u>, ...

下線部の its は society を指しますから、下線部全体では「世間が君のことをぼくの妻として accept すること」となります。

つぎは同じ『テス』の第42章から。エンジェルはテスと結婚しますが、最初の晩に知らされた妻の過去の過失を許すことができず、1人でブラジルに行ってしまう。テスは友人の働く農場を目指す旅

に出て、農場から農場へと仕事をして渡っていきます。

First she inquired for the lighter kinds of employment, and, as acceptance in any variety of these grew hopeless, applied next for the less light, . . .

最初は軽い仕事を探しますが、どんな種類であれ軽い仕事に就かせてもらえる望みはなくなっていき、だんだんつらい仕事でも嫌がっていられなくなります。下線部の these は the lighter kinds of employment を指すので、下線部全体を直訳すると「何らかの種類の軽い仕事において accept されること」です。ほら、受身でしょう。

※

短い例文も見ましょうか。いずれも受身の意味です。

(1) This management style gained acceptance in the 1980s.（広く受け入れられた）
(2) Scientology has fought long battles for acceptance as a religion.（宗教として認められること）
(3) Acceptance by their peer group is important to most youngsters.（同輩集団に受け入れられること）
(4) Acceptance by the UN would effectively legitimize the regime.（国連によって承認されれば）

(3)(4)のように、うしろに by ... がくるとわかりやすい。

わかりにくいのは his acceptance とか its acceptance とかだけ書いてあるときです。「人が物を accept する」という場合が多いだろうから、前者は his acceptance of something（彼が何かを accept すること）かなとか、後者は its acceptance by someone（それが誰かによって accept されること）かなとか、推定は働くかもしれません。でも、前者だって his acceptance by someone という受動の意味かもしれない。後者だって its acceptance of something という能動の意味かもしれない。ですから、前後関係を与えられない限り曖昧です。

文法+α I

以下、acceptance 以外の動作名詞が受動の意味で用いられている例文をいくつか挙げます。

(5) By flying low, the plane avoided <u>detection by enemy radar</u>. （敵のレーダーによって発見されること）
(6) It seemed impossible he would escape <u>detection</u>.
(7) Within three months of <u>his election</u> he was forced to resign. （彼が選出されること）
(8) Police knew of <u>his fascination with guns</u>. （彼が銃器に魅せられていること）
(9) He has achieved <u>recognition and respect as a scientist</u>. （科学者として認められ尊敬されること）
(10) She was unsure of <u>her reception</u> after everything that had happened. （自分がどう迎えられるか）

最後の(10)は「いろいろあったので、どんなふうに迎えられることになるのか不安だった」ということ。たとえば、スキャンダルを起こして閉門蟄居(へいもんちっきょ)していたスポーツ選手が活動を再開するときの心境。ファンたちからどんなふうに迎えられるだろう……。

逆に能動の意味で用いられた reception の例をひとつ。

(11) Southampton fans gave their former coach <u>a hostile reception</u>. （冷たい迎えかた）

これはサッカーの話ですが、たとえば、もとサウサンプトンFCのコーチだった人が別のクラブチームの監督となり、サウサンプトンのホームスタジアムに乗り込んできた、そんな状況を想像すればよいでしょうか。

つぎに *Oxford Collocations Dictionary for Students of English* の story の項から拾った、あまりにも悲しい例文をひとつ。

His life was a sorry story of <u>betrayal and rejection</u>.
（人から裏切られたり、拒絶されたりの繰り返し）

それから『ジーニアス英和大辞典』の fear のところにある例文とその和訳をそのまま拝借します。ただし、下線を引いたのはわたしです。

> I understand your fear(s) of <u>discovery</u> [of being discovered, that you may be discovered].
> （見つかりはしないかというあなたの心配はわかります）

※

　最後に 'Our Nicky's Heart' に戻り、第11回原文8–9行目を見てください。代名詞 She は死んだ Nicky の母。

> She had only denied her grief <u>its completion</u>.

　息子の臓器を移植手術に提供することを承諾したため、息子の心臓だけは生きつづけ、そのぶん自分の悲しみもつづく。悲しみが消えていくことを許さない結果となっただけではないか、という箇所。動詞 deny が二重目的語をとり、代名詞 its は her grief を指す。動詞の complete は他動詞ですから、its completion を書き直せば its being completed と受身になります。

　能動の意味で completion を使ったつぎの例文と比べてみるとはっきりするかもしれません。

(12) The job is subject to <u>your satisfactory completion of the training course</u>.

　<u>研修を無事に終えること</u>を条件として、仕事に就かせてもらえるようです。

文法+α　I

article　冠詞

「ホワイト・クリスマス」を作詞作曲したアーヴィング・バーリンに 'Man Bites Dog' という曲があります。題名とか見出しとかは、こんなふうに無冠詞になることがある。'Boy Meets Girl' というように。

その「ヒト、イヌを咬む」の曲につぎの1行があり、不定冠詞と定冠詞の基本的な使いかたを教えてくれます。**A dog bit a man and the man bit the dog right back.** Dog も man も初出のときは不定冠詞をかぶり、2回目には定冠詞をかぶっている。定冠詞をかぶった man は「咬まれた男」であり、定冠詞をかぶった dog は「咬んだ犬」であり、つまりこの文に登場するのは1匹の犬と1人の男であって、2匹と2人ではありません。**An eye for an eye, and a tooth for a tooth!** 男は躊躇せず、その場で咬み返しました。

❦

定冠詞をかぶった名詞（に代表されるような定名詞）が出てきたときは、先行する文章とのつながりがはっきりしていますから、安心して読んでいられる。

逆に不定冠詞をかぶった名詞（に代表されるような不定名詞）が出てくると、すぐには先行部分とのつながりが明らかにならないので、おおげさにいえば身構えて読むことになります。一例として、第Ⅱ部第2回、'Our Nicky's Heart' の冒頭を見てみましょう。

Frank Randall had three sons: Michael, Eddy and Mark. That was fine by him. A farmer whose business is rearing livestock knows that the sums extend to his own offspring.

第1文と第2文の間はごく詰まっています。第2文の頭の代名詞 That は第1文の内容を指し、さらに人称代名詞 him も現れて第1文の主語 Frank Randall を指し、2つの文を緊密に結びつけている。

それに比べると、第2文と第3文はかなり間があいている。急に A farmer といわれても、それが先行部分とどうつながるのか、よく

わからない。もちろん、読み手の頭のなかでは、**Frank Randall** が **a farmer** であるのかもしれないという推測が行われるでしょう。でも速断は禁物です。そして最初の2文が過去時制だったのに、この文は現在時制であることが判明し、この文の特殊性がはっきりしてきます（→「時制」の項参照）。

　文末に至ってようやく offspring という語が現れて、第1文の sons と語彙的に響きあう。この offspring が sons と対応するのなら、やっぱり A farmer は Frank Randall と対応しているのかな……、と読み進めていくことになります。

❦

　ここまで見てきた定冠詞と不定冠詞の使い分けの基準は、それがかぶさる名詞（あるいはそれに相当する概念）が先行する発話や文章のなかに既に出ていたか、未だ出ていなかったか、ということでした。

　でも、その基準では説明できない定冠詞の使いかたもあります。たとえば、イギリスの作家 Cressida Connolly の短篇集 *The Happiest Days*（1999）に入っている 'Canada' はこんなふうに始まります。

The argument started in the car on the way to the zoo.

　あらら？　作品の冒頭なのに定冠詞だらけだ。

　自動車が定冠詞をかぶっているのは「うちの車」だからですし、動物園が定冠詞をかぶっているのは、主人公の家族の住むあたりで「動物園」といえば、ある特定の動物園を指すのがふつうだからですね。つまり、状況が「車」や「動物園」を1つに特定している。このように、発話や文章の外の事情から特定されている名詞にも定冠詞がかぶせられます。

　「〜へ行く途中」の **on the way to . . .** は決まった言いかたですし、理屈で考えても、ある日、ある人（たち）があるところへ行くというのは特定のプロセスですから、way が定冠詞をかぶるのは当然です。

文法＋α I

　いちばん気になるのは、出だしの **The argument** ですね。短篇の冒頭ですから読者にとって新情報であることはもちろん、主人公が身を置く状況を考えたって、家族のなかで口喧嘩なんてしょっちゅうでしょう。でも、主人公の頭のなかでは、「あの口論」「問題の口論」「夫婦関係がぎくしゃくするきっかけになった例の口論」なのです。語り手はそんな主人公の視点をいわば聞き手（読者）に押しつけて、「口喧嘩は動物園にむかう車のなかで始まった」といっている。日本語だったら「口喧嘩は」ですね、「口喧嘩が」ではなくて。これがもし **An argument started ...** と不定冠詞がかぶせてあったら、「動物園にむかう車のなかで口喧嘩が始まった」という感じになる。

❦

　さて、いかなる意味においても旧情報ではない名詞が定冠詞をかぶることがあります。第Ⅱ部第9回原文9–14行目を見てください。

> And as more time passed, it changed into something worse. I could see <u>the picture</u> seeping into at least my mother's head (the second doctor hadn't painted it for her but perhaps it was part of his training to let it take shape) of some person, perhaps not very far away, perhaps just down a corridor in this very hospital, ...

　下線を施した名詞 **picture** はなぜ定冠詞をかぶっているのでしょう？　それは、ちょっと離れていますが、この名詞を限定する前置詞句が後ろからかかってくるからです。そう、下から3行目の **of some person** 以下ですね（→「前置詞句」の項参照）。

　限定の語句は前置される形容詞のこともありますし（**the right/wrong answer**）、後置される形容詞（句）のこともある（**the people present**）。でも、文章を読むときに気をつけなくてはならないのは、この 'Our Nicky's Heart' からの例のように、離れたところに現れる前置詞句や関係代名詞節です。

　言い換えれば、こういう定冠詞は限定の文句が何かしら先に現れ

ることを予告している。いわば道路標識ですから、しっかり確認のうえ先に進みましょう。

　なお、逆は真でありません。後ろから前置詞句や関係代名詞節がかかっている名詞が不定冠詞をかぶっていることももちろんあります（→「関係詞（Ⅰ）」の項参照）。

※

　上に述べた定冠詞の機能を「予告機能」とよんでおくと、最後にお話ししたいのは冠詞の「カッコ機能」です。もっともこれは冠詞と等位接続詞の共同作業です。本書の「等位接続詞」の項で **whisky and water** が「ウイスキーと水」なのか、それとも「ウイスキーの水割り」なのか、文脈がなければわからないという話をしますが、つぎの1文をご覧ください。イギリスの **Telegraph.co.uk** の2006年9月1日付の記事から取ってきました。

> **When she was prime minister, Margaret Thatcher was famous for enjoying a whisky and water at the dispatch box.**

　内容的にも非常に面白いのですが、ここはまあ、冠詞の話に集中しましょう。1行目で **prime minister** が **the** をかぶっていないのは補語だからですね。補語や同格の語句では冠詞がよく省略される。

　肝心の **whisky and water** ですが、上の例文では「水割り」であることがはっきりしている。なぜかというと不定冠詞がかぶせてあるからです。つまり、**whisky and water** でもなく、**a whisky and a water**（1杯のウイスキーと1杯の水）でもなく、**a whisky and water** と書くことによって「1杯の水割り」となる。これが、冠詞の「カッコ機能」です。ほうら、**a (whisky and water)** という括弧がうっすら見えるでしょう？　もっと目のよい方には **a [glass of] (whisky and water)** と見えるかもしれませんね。

※

　中学生のころ、英文法の参考書で **a poet and novelist** だったら「詩も小説も書く人」が1人で、**a poet and a novelist** だったら「詩

文法+α I

人と小説家」で2人だという説明を読み、いったい感心してよいものやら、当たり前すぎてフンと鼻を鳴らしてよいものやら、困った覚えがあります。じつは、面白いのはその先です。「水割り」のようにウイスキーと水が渾然一体となって美味しくなる場合や、1人で2人分活躍する作家の場合だけでなく、2つのものがそれぞれの独立性を保っていても、その2つが「セット」として観念される場合には、冠詞の「カッコ機能」が働くのです。

　研究社の『ルミナス英和辞典』(第2版)の and の項に付された「and に関する注意」に挙がっている例を拝借すれば、**a cup and saucer** とか **my mother and father** とかがわかりやすい (冠詞のほか、**my** や **Mary's** のような所有格 (代) 名詞や、**this** のような指示詞など、「決定詞」とよばれるグループの語がこの機能を果たします)。つまり、**a cup and saucer** といっても、カップの底が受け皿にくっついているわけではないし、**my mother and father** も **a hermaphrodite** というわけではない。

※

　この「カッコ機能」と定冠詞の「予告機能」が組み合わさる場合もすくなくありません。Susan Hill の 'Red and Green Beads' では、ある犬の体つきがつぎのように描写されます。

> . . . a thin, vulpine creature with the pointed head and arched back of a greyhound.

　よく起こる読み間違いは、最後の **of a greyhound** が直前の **arched back** のみにかかると解してしまうことです。でも、視野を広くもって、冠詞の位置、それから **arched back** が無冠詞であることに注意すれば、**the (pointed head and arched back) of a greyhound** であることが見えてくるでしょう。

　類例をもうひとつ見ておきましょうか。南アフリカ出身の文学者でノーベル文学賞も受賞しているJ・M・クッツェーの『動物のいのち』(1999) に出てくる句です。

the ordinary murderousness and cruelty of warfare

　等位接続詞は文法的に対等なものを結びますから、**the ordinary** が共通項としてくくり出され、

the ordinary (murderousness and cruelty) of warfare

という構造になっています。

❦

　ところで、2つの名詞（句）A と B のあいだに **and** がはさまって '. . . A and B . . .' というつながりが出現しても、必ずしも '. . . (A and B) . . .' とは限らない。'(. . . A) and (B . . .)' という可能性がある。それを見きわめる上でも、冠詞が大きな手がかりを与えてくれることがすくなくありません。それでは、イギリスの詩人 Matthew Davey による短篇 'Waving at Trains' (2003) からの1文をご覧ください。

America, he informed us, had no railways and the motorways . . .

　「彼」は語り手の父親です。ときどきわざと嘘っぱちをいうことによって、息子たちの批判精神を鍛えようとしています。さて、文の途中から先をわざと隠しておきましたが、これだけでも **no (railways and the motorways)** ではないということがわかりますね。そう、**motorways** がかぶっている **the** が一種の壁をつくっている。先はこうつづきます。

. . . no railways) and (the motorways weren't fenced off).

　構造を見えやすくするために括弧をつけておきました。ここの **and** は2つの節を結んでいたのですね。ついでにいえば、**motorways** が定冠詞をかぶっているのは「そこの」「アメリカの」という気持ちです。

文法+α | I

※ Matthew Davey の短篇 'Waving at Trains' は2002年 *Obsever* Short Story Competition の優勝作品。つぎの2つのアンソロジーで読むことができます。

Adebayo, Diran, Blake Morrison and Jane Rogers. Eds. *New Writing 12*. London: Picador, 2003.

Hill, David A. Ed. *Turning the Corner: A collection of post-millennium short stories*. Cambridge: Cambridge University Press, 2007.

comparative　比較級

　比較級についてまず押さえておくべきことは、それが相対的な観念を表すということです。たとえば、

(1) He calmed down as he got older.

という文を見ただけでは、彼が何歳くらいで落ち着いたのかわかりません。幼稚園児のころ手に負えなかった子が「大きくなるにつれて」落ち着いてきたのかもしれないし、高校生になっても乱暴者だったのが「大人になるにつれて」落ち着いてきたのかもしれない。30代までは放埒の限りを尽くしていた男が「年をとるにつれて」落ち着いてきたのかもしれない。

　これにたいして原級は絶対的な観念を表します。たとえば、こんなふうに使う。

(2) I can't run around like I used to — I must be getting old.

　これは「おれももう年らしい」「おれもそろそろ年寄りの仲間入りらしい」ということです。

　往年のロックバンド The Who に 'My Generation' (1965) という有名な曲があり、その歌詞に有名な1行があります。

I hope I die before I get old

　これは「じじいになる前に死にたいもんだ」です。

　それでは、まとめます。Older になったからといって old になったとは限らない。Richer になったからといって rich になったとは限らない。Better になったからといって good になったとは限らない。

(3) This version is better than the original, but that's not saying much.

　この that's not saying much は覚えておくと便利な決まり文句で

す。なにしろもとが悪すぎるから、**better** とはいっても大したことはない。**Better** とはいっても、決して **good enough** ではない、という意味です。

　つぎに確認しておきたいのは——といってもこれは最初の例文中の **get older** ですでに明らかですが——比較とは同一時点における複数物の比較（現時点でのＡ子さんとＢ君の身長の比較）ばかりではないということ。２つの異なる時点における同一物の変化の測定も比較です（１年前のＡ子さんと現時点のＡ子さんの身長の比較）。
　つまり、比較級は「変化」について述べるときに使える。いくつかの例文をそれにほぼ対応しそうな日本語といっしょに並べてみましょう。

(4) **Maria looks much prettier with her hair cut short.**
（髪を短くしたらマリアはずっとかわいくなった。）
(5) **I'm feeling much better, thank you.**
（ええ、だいぶ気分がよくなりました。）
(6) **The traffic is much worse after five o'clock.**
（5時を過ぎると道の混みかたがずっとひどくなる。）

　これらの文を観察して、どんなことに気づきますか。
　まず、「変化」についていうとき、日本語では「なる」という動詞が活躍する。でも英語の比較級はそれ自身のうちに「変化」の観念を含むためか、変化を表す動詞の **become** や **get, grow** にさほど頼らずにすむらしい。もちろん **as he got older** のように **get** などの動詞といっしょに比較級を使う場合はいくらでもありますが、それは変化のプロセスに焦点を合わせるときです。上の３つの例文のように、変化が完了したあとの状態に焦点を合わせるときは変化の動詞を使う必要がない。
　また、交通渋滞の例文に対応する日本語だけ「なる」となったのは習慣的事実を述べた文だからですね。それにたいして髪を切ったマリアと、具合の悪かったわたしの例文は一回的な出来事について

述べた文なので、対応する日本語は「なった」「なりました」となりました。英語の動詞はそれぞれ **looks** と **am feeling** なのですから、時制がずれているように見えます（→「時制」の項参照）。

　もう１つだけ「変化」の例文を見ましょう。

(7) Teachers are asking for higher pay.
　　　（教師たちが賃上げを求めている。）

いやあ、比較級は便利です！

❧

　ここまでに挙げた比較級の例文は、自分で使いこなすのはなかなか難しくても、読んで意味をとりそこなうことはないでしょう。ですが、比較級が否定文で用いられた場合はだいじょうぶでしょうか。たとえば、

(8) I've never felt happier in my life.

が「こんなに嬉しかったことはありません」にあたる英語だということはよろしいですか。 I've never felt happier in my life <u>than I do now.</u> と下線部を補って考えればいいですね。直訳すれば「今感じている以上に嬉しく感じたことは生まれてこのかたありません」です。

　第Ⅱ部第７回原文20-22行目をご覧ください。

. . . he cleared his throat and said that we understood. I never heard him say anything further from the truth.

　ここでも I never heard him say anything further from the truth <u>than that.</u> と下線部を補って考える。直訳すれば「彼がそれ以上に真実から遠いことを言うのは聞いたことがなかった」です。すこし整理すれば「あんな心にもないことを言う彼ははじめて見た」くらい。

　もう一例をアメリカの作家 Melissa Bank の短篇 'The Wonder Spot'（2000）から引きます。マンハッタンはどんな場所だといっ

ているのか、わかりますか。

> ... Manhattan, where I am never farther than a block from a bodega, never more than a raised arm from a cab.

ワンブロックも歩けば簡単にボデガ(**Latinos** が経営する食料品店)が見つかるし、ひょいと手をあげればすぐにタクシーが寄ってくる、マンハッタンはそんな便利なところだというわけですね。

比較級は仮定法の文でもよく使われる(→「仮定法(Ⅰ)(Ⅱ)」の項を参照)。江川泰一郎氏の『英文法解説』(改訂三版)の「比較級」の箇所にこんな例文とそれにたいする日本語訳があります(172ページ)。

> **Your son's work is satisfactory, but he could do better.**
> (息子さんの成績はまあまあですが、もっとよくできるはずですよ。)

ここの could は「過去における能力」ではなくて、仮定法過去です。つまり、現在のことをいっている。努力すれば、もっといい成績がとれるはずです。もっと上を見てほしい、という気持ち。

この **he/she could do better** は、教師が保護者面談で口にし、また通信簿に書き込む常套句であるらしい。カナダ出身のイギリスの作家 Catherine Hurley が *Could Do Better: School Reports of the Great and the Good* (2002) というタイトルの本を書いています。**School reports** は「通信簿」、**the great and the good** は「お歴々」「名士たち」くらい。

同じく学校関連でこんなのはどうでしょう。

(9) **The school's not perfect, but I suppose it could be worse.**

こちらは逆に、生徒やその親御さんからの学校にたいする評価ですね。100点満点の学校じゃあないけれど、まだまだ下もある。最低というわけではないし、文句も言えないかなあ(**Can't grumble**)、という気持ち。

仮定法＋比較級の場合も、それが否定文になるとややこしくなる。よく知られた表現を2つ見ます。

(10) 'We have to talk.' 'Absolutely,' Meredith replied. 'I couldn't agree more.'

この couldn't agree more を直訳すれば「これよりも強く同意することは不可能」となり、要するに「100パーセント賛成」ということです（＝ I completely agree.）。

つぎは劣等比較級を使った表現です。

(11) I really couldn't care less what you think!

こんども直訳すれば「これよりすくなく気にすることは不可能」となり、要するに「関心ゼロ」ということになります（＝ I don't care at all.）。

こういうのは理屈で考えるとややこしい。いちど考えて納得したら、あとは決まり文句として使うだけです。英語を母語にしている人たちも、いちいち考えて使っているわけではない。その証拠に、**I couldn't care less.** の意味で **I could care less.** という母語話者もいるのです（間違いですけどね、もちろん）。

それから、**I couldn't care less.** はかなり rude な物言いになり得るので、使いかたには気をつけなければいけない。だって言われたらショックです。「俺にはどうでもいいんだよ、あんたがどう思おうと」にしろ、「わたくしにはどうでもよろしいのです、あなたがどうお思いになろうとも」にしろ。

文法+α I

coordinate conjunction　等位接続詞

　焼き鳥もトンカツもビフテキもとても旨い。しかし、ほんのときたま、こんなに殺生をしてよいのかなと思う。思って、忘れて、また食らう。プルタルコスのエッセイ「肉食についての論議」の英訳から1文を引きます。

> But for the sake of some little mouthful of flesh we deprive a soul of the sun and light, <u>and</u> of that proportion of life and time it had been born into the world to enjoy.

いかがですか。前置詞 of と等位接続詞 and がたくさん出てきますが、文の構造は見えますか。前置詞句がどこにどうかかるか（→「前置詞句」の項参照）、等位接続詞が何と何を結んでいるか、その見きわめが大事です。

　まず、2行目の前置詞句 of the sun and light は直前の名詞 a soul にかかるのではない、ということはよろしいでしょうか。この of はいわゆる「剝奪の of」であって、deprive A of B で「AからBを奪う」となる。このAにあたるのが例文中の a soul（ここでは動物のこと）であり、Bにあたるのが the sun and light です。

　そして下線を施した and は of the sun and light と of that proportion of life and time という2つの of 句を結んでいます。

　あとは that proportion of life and time にかかる関係代名詞が time のあとに省略されていること、そしてその関係代名詞が 動詞 enjoy の目的格であることがわかればOKです。代名詞 it は a soul を指し、動詞 enjoy の実質的な目的語は that proportion of life and time というわけです。

　なお、文頭の But for を「……がなかったなら；……を別にすれば」の but for であると早合点しないでくださいね。 But / for the sake of ... です。

※

　等位接続詞とは、文法的に等位の（対等な）要素同士を結びつけ

る接続詞のことです。具体的には **and, but, or, for** など。最後の **for** は前置詞の **for** ではなくて、

(1) I cannot tell whether she is old or young, <u>for</u> I have never seen her.

のように、先行する陳述の論拠を付加するときに使い、「というのも」という感じで節と節を結ぶ **for** です。

しかし、本来的な等位接続詞は **and, but, or** の3つ。これらは語と語を結ぶこともあれば、句と句を結ぶことも、節と節を結ぶこともある。これらの等位接続詞が何と何を結んでいるのか、見誤れば誤読です。

※

こんどは Matthew Davey の短篇 'Waving at Trains' から。語り手は子ども時代を回想しています。父と兄との散歩では、通り過ぎる列車を線路わきで眺めるのが習慣でした。ですから2行目の **I'd** は **I would** の縮約。「過去の習慣」を表す **would** です。

The 125 [high-speed train] had two power cars, one at each end. I'd watch the first go by, hands over my ears, <u>and</u> then, taking them away and turning to watch the carriages disappear, be jumped by the second scream as it crept up from the rear.

下線を施した **and** は何と何を結んでいるのでしょう。3行目と4行目のコンマがいわば括弧をつくっていることに気をつけて（→「句読法（Ⅰ）」の項参照）、辛抱づよく先へ読み進むとわかりますね。そう、2行目の **watch** と4行目の **be jumped** を結んでいる。

この **and then** から **be jumped** までの紙面上の空間的隔たりは、ちょうど先頭の動力車が通過してから最後尾の動力車がくるまでの時間的隔たりと対応しています。ですから、最後尾の動力車のことをうっかり忘れていた子ども時代の語り手だけでなく、読者も一緒にビクッとさせられる。

話を等位接続詞に戻しますと、何と何が結ばれているのかが曖昧な悪文もあります。ひとつ、例をつくってみましょうか。こんなのはどうです。

I sometimes ask her to come and cook dinner.

ほら、彼女をよんで料理をつくってもらうのか、彼女をよんで手料理でもてなすのか、わからないでしょう。

じつは高速列車の例文においても、文意をまったく考えず、純粋に形だけから判断しようとするならば、下線部の **and** が **go by** と **be jumped** を結んでいる可能性を排除できません。

❦

つぎにサッカリーの『虚栄の市』（1847–48）の冒頭を見ます。

While the present century was in its teens, <u>and</u> on one sun-shiny morning in June, there drove up . . .

下線部の **and** は何と何を結ぶのでしょう。つい形だけを見て、**in its teens** と **on one sun-shiny morning in June** とを結ぶと答えたくなりますが、ちょっと待ってください。たしかに両方とも前置詞句ですが、前者は形容詞として働き、後者は副詞として働いている。そう、落ち着いて意味を考えればわかりますね。この **and** は **While the present century was in its teens** という副詞節と **on one sun-shiny morning in June** という副詞的前置詞句を結んでいる。

でも、この **and** はちょっと気持ち悪い。結びつけているものが副詞同士とはいっても、一方は節なのに他方は句なのでバランスが悪い。むしろ、この **and** はないほうが自然かもしれません。

なお、この『虚栄の市』の冒頭部のつづきは「前置詞句」の項でご覧いただけます。

❦

等位接続詞が何と何を結ぶかについて見たあとは、結びつける強度の問題も考えておきましょう。こんな諺をご存じの方も多いと思

います。

You can't have your cake and eat it.
（菓子は食べればなくなる。両方いいことはない。）

この and は have your cake と eat it という2つの動詞句を結んでいて、その全体に can't がかぶさっている。つまり、こんなふうに表すことができるでしょう。

You can't $\boxed{\text{have your cake and eat it}}$.

この and は前後を強く結びつけていて、「AかつB」という感じ。それで「｛お菓子を失わずに持ちつづけ、かつそのお菓子を食べること｝はできない」となります。

よく似ているのが、飲酒運転禁止の標語です。

(2) Don't drink and drive.

この and も前後を強く結びつけている。

Don't $\boxed{\text{drink and drive}}$.

「｛飲み、かつ運転すること｝をするな」となりますね。日本語の標語は「飲んだら乗るな」でした。後ろの動詞 drive のところには swim, cycle, cook などいろいろ入れられます。飲酒調理は火傷、火事のもと。

この「AかつB」と似ているような気もするけれど、すこし違うのかなあという and があります。

(3) The chairman did the decent thing and resigned.

「まともなことをした」と「辞任した」とが別々の2つのことだと思うと、まともなことをした人が、なぜ辞めなくちゃならないの？と首をひねることになる。文意は「筋を通して辞任した」ですから、この and が前後を緊密に結んでいることは確か。でも、この場合、「AかつB」を超えて「A＝B」「AというB」です。

すこし話は逸れますが、こういう and を見て思い出すのは、つぎ

のような when の使いかたです。ご覧いただくのは2005年11月16日付ドバイ発のAP電。

> **Former President Clinton told Arab students Wednesday the United States made a 'big mistake' <u>when</u> it invaded Iraq, stoking the partisan debate back home over the war.**

　これも、イラクに侵攻したさい、何か大きな間違い、たとえば戦略上の大失敗をした、ということではない。あの間違いさえなければ、短期間で勝利を収められたのに、ということではありません。イラク侵攻＝大きな過ち、ということです。

　本題に戻って終わりましょう。等位接続詞 **and** が前後を結びつける強度は場合によって異なる。だから、こんな小さな接続詞１語でも、文脈を離れて理解することはできない。ごく簡単な「名詞 **and** 名詞」でさえ、文脈が与えられなければ日本語に訳せないことがある。たとえば、**bread and butter** は「パンとバター」かもしれないし、「バターを塗ったパン」かもしれない。同じように、**whisky and water** は「ウイスキーと水」かもしれませんし、「ウイスキーの水割り」かもしれません（→「冠詞」の項参照）。

ellipsis　省略

デンマークの宮内大臣ポローニアスは言いました。

> . . . since brevity is the soul of wit,
> And tediousness the limbs and outward flourishes,
> I will be brief.　(『ハムレット』第2幕第2場)

1行目の「簡潔こそは知恵の魂」(小田島雄志訳) は多くの英和辞典の **brevity** の項で引かれる有名な文句です。でも、よく見ていただきたいのはつぎの行。さっそく何かが省略されていますよ。そう、**tediousness** のあとに **is** が省かれている。前の行と同じ構造の節ですから、2度目の **is** はなくてもわかりますね。

この 'A is B, and C (is) D' という形を見て思い出すのは、やはり諺になっているアレクサンダー・ポウプの名文句「過つは人の常、許すは神の業」です。

> To err is human; to forgive, divine.

セミコロンが **and** の役を務め (→「句読法 (Ⅱ)」の項参照)、コンマは「省略しましたよ」という印です。もっとも、

> To err is human, to forgive divine.

という表記のほうが最近では多いかもしれません。

❦

上の例はともに **be** 動詞1語の「中抜き」ですが、もうすこし規模の大きい「中抜き」もあります。

まずイギリスの作家 **Chris Wilson** の小説 *Mischief* (1991) の一節。

> Even as a three-year-old, I was more attentive to my parents than they to me; for I had the leisure to watch them, whereas they had work and worries.

2行目の than 節、they のあとに were attentive が省かれています。

つぎは Julian Barnes の短篇 'The Limner' (2009) から。

Women judged the noises he made embarrassing, children found them a source of amusement, men a proof of imbecility.

大人の女たち、子どもたち、大人の男たちのそれぞれの反応について述べた3つの節がコンマだけでつながれており (→「句読法 (I)」の項参照)、どの節も SVOC です (→「前置詞句」の項参照)。そして3つ目の節では V と O が省かれている。つまり、men のあとに found them を補って読めばよい。なお、最初の節の O は the noises で、関係代名詞節 he made で修飾されています。

　　　　　　　　　※

つぎは「SB 抜き」とでもよびましょうか。わかりきっている主語 (S) と be 動詞 (B ですませます) を一緒に抜きます。Matthew Davey の短篇 'Waving at Trains' の一節をご覧ください。語り手の父は野鳥観察が趣味。語り手とその兄エドを連れてよく長い散歩に出かけました。助動詞 would は「過去の習慣」を表します。

Father would carry binoculars around his neck. His camera was entrusted to Ed, who would hand it over (イ)whenever required. (ロ)Although jealous of this responsibility, I noticed how the huge leather case bounced around, oversized on Ed's chest, as he hurried to keep up with Father.

お父さん、双眼鏡は自分の首にかけ、カメラはエドに預けておくのですね。そしてお父さんが「カメラ！」というと、エドがさっと渡す。語り手はそんな大役をおおせつかった兄のことが羨ましいいっぽうで、大変だなあとも思います。父に遅れまいと小走りになるエドの胸で革のケースに入ったカメラが踊っているからです。(けっこう痛そう。) ただでさえ大きい昔のカメラが、子どもの胸の前にぶらさがるとさらに大きく見えました。

下線部 (イ) は whenever it was required の it was が、下線部 (ロ)

は Although I was jealous of this responsibility の I was が省略されたものですね。

これは非常によく行われる省略ですから、短い例文を並べてみます。じっくり観察して、要領を覚えてください。

(1) When mixed with water the powder forms a smooth paste.
(2) While in hospital, Jeremy took stock of his life.
(3) Once in bed, the children usually stay there.
(4) Although in poor health, she continued to carry out her duties.
(5) The war, although successful in military terms, left the economy in ruins.
(6) The rooms, though small, were pleasant and airy.
(7) While never a big eater, he did snack a lot.
(8) The disease is easy to treat if diagnosed early.
(9) She shot him a quick glance as if unsure whether he was friend or foe.

(1) 〜 (9) は従属副詞節中の主語が主節の主語と一致しています。父との散歩の例文の下線部 (ロ) と同じ。

そういう一致がなくても、**it is/was** であれば抜くことがすくなくない。

(10) Where appropriate, I delegate as much work as possible.

この **it is/was** の省略は、たとえば **if/when(ever)/where possible** や **if/when(ever)/where necessary** のように、定型的な句をつくることがあります。(10) の **where appropriate** も、父との散歩の下線部 (イ) の **whenever required** もそれに近い。さきほど **whenever it was required** と **it was** を補いましたが、この **it** は「カメラ」ではなく、「カメラを渡すこと」でしょう。

さて、ちょっと不思議なのですが、この「SB抜き」は **because** 節や **since** 節など、原因・理由を表す副詞節では起こりません。Because I was jealous of ... を Because jealous of ... とはいわない。一足飛びに分詞構文となり、**(Being) jealous of ...** となる。

ついでに申し上げると、分詞構文も同格も、考えてみれば「SB抜き」の一種です。分詞構文のほうはわかりやすいでしょう。(1) の When mixed with water の When をとれば分詞構文ですから。

同格については、つぎの例をご覧ください。

(11) The defendant, a woman of thirty, denies kicking the policeman.

上の文の a woman の前に who is と入れると、2つのコンマのあいだは非限定的な関係代名詞節となる。つまり、同格とは、主格の関係代名詞と be 動詞の省略であると考えられます。

※

さて、「SB抜き」のうちの「It's 抜き」が文頭で起こる場合があります。

(12) A pity we can't find the guy who did it.

これは (It is) a pity (that) we can't find the guy who did it. ですね。似たのに True, . . . というのがある。研究社の『新英和大辞典』（第6版）の例文を見てください。

True, he is clever, but he lacks dedication.

これもやはり (It is) true (that) he is clever, but . . . です。

この 'A pity . . . ' や 'True . . . ' はかなり定着した言い回しですが、会話となればもっと自由に省かれる。グレアム・スウィフトの小説『最後の注文』（1996）の最初の章で、いきつけのパブに仲間3人が集まります。最後に現れたヴィックがレインコートのボタンを外しながら、

'Fresh out,' he says.

これは It's fresh[= cold] outside. です。「寒いな、外」という感じでしょうか。

❦

　人間は楽をしたがる動物ですから、言葉にも経済性（**economy**）を求めます。言わなくてもわかってもらえると思えば省く。会話なら、こんなのもごくふつうです。

　(13) Want a game of chess?（チェスやる？）

　文頭の **Do you** を省いたわけですね。

❦

　最後は「下の句抜き」です。たとえば「郷に入っては郷に従う」の英語版はこうですね。

　(14) When in Rome, do as the Romans do.

　この文の when 節が「**SB抜き**」であることはさて置いて、こういう諺は誰でも知っていますから、最後までいうのは無粋です。だから、**When in Rome ...** とだけいってすますことができる。要するに百人一首です。上の句を聞いたら下の句がわからなければいけない。

　つぎのはイギリスの小説家 William Boyd の小説 *Stars and Bars*（1984）のなかの場面でして、2人の男がおたがい蝶ネクタイを締めていることに気づきます。

　'Snap,' said Toothe. He and Halfacre were both wearing bow ties.
　'Great minds, Ian,' Halfacre said.

　こういう状況での snap の使いかたは辞書で確かめていただくとして（*LDOCE* なら snap[4]）、Great minds のほうは最後までいえば Great minds think alike（偉大なる精神は同じことを考える）です。*LDOCE* の **great**[1] の15をご覧ください。ほら、**great minds (think alike)** と括弧がついている。しばしば下の句が省かれることまで教えてくれているのです。

英語を母語とする同僚がジーパンで大学にきて、わたしもその日ジーパンだったので 'Great minds.' といったことがあります。すると同僚はニッと笑い、'And small minds seldom differ.' と返してきました。

　もうひとつ、イギリスの作家 Jonathan Buckley の小説 *Contact* (2010) には「悪業の報い、ってやつだよな？」くらいの意味で、

　'What goes around, eh?'

という台詞が出てきます。これは **What goes around comes around**（*LDOCE* の go around の6）の端折りです。

　英語を外国語として勉強している人間にとって、この「下の句抜き」がいちばん手ごわい。それでも、こういう現象があると知っていることは助けになります。下の句が省かれているなと察しさえつけば、調べることはさほど難しくないからです。

fronting of object　目的語の前置

　主語（**Subject**）＋ 動詞（**Verb**）＋ 目的語（**Object**）が英語の基本的な語順ですが、その順序が入れ替わることがあります。その代表は **V** の一部または全部が **S** の前に出る現象ですが、それは「倒置」の項で扱い、ここでは「目的語の前置」、すなわち **OSV** を見ます。

　まずディケンズの『デイヴィッド・コパフィールド』（1849–50）の冒頭をご覧ください。

> {Whether I shall turn out to be the hero of my own life, or whether that station will be held by anybody else,} these pages must show.

　｛　｝でくくった2つの whether 節が目的語、these pages が主語、must show が動詞です。自分が自分の人生の主役になれるのか、それともその座にはだれかほかの人間が就くことになるのかは、この本を読んでもらえばわかる、ということ。

　もう1つ、やはり名詞節を目的語とする例です。

(1) What Jay lacked in experience, he made up for in enthusiasm.

　こんどは｛　｝をつけませんでしたが、だいじょうぶですか。What 節が made up for の目的語です。経験の面で足りない分は熱意で補ったのですね、ジェイ君。最初の例の Whether 節は間接疑問の名詞節、ここの What 節は先行詞を含む関係代名詞節ですから、違うといえば違う。でも、どちらも wh-word に始まる名詞節。そして wh-word に始まる名詞節はよく前置される。なお、どちらの例でも、前置された名詞節のあとにコンマが打たれていますが、これは打たれるとは限りません。

文法+α　I

    ❦

　前置される目的語が節でないものも見ておきましょう。動詞がジェイ君の例文と似ている文がグレアム・スウィフトの『最後の注文』にあります。

And any shortfall in my pay-cheque the horses made up, more or less, sometimes with extra on top.

　前置された目的語は any shortfall in my pay-cheque で、主語が the horses、動詞が made up です。もしも文脈を与えられずにこの文だけ読み、語り手の「わたし」はめっぽう競馬に強い男なんだなと察することができたら、それは素晴らしい勘です。給料の足りない分は馬が補ってくれた、というんですね。文の後半は、だいたいそれで足りたし、ときにはお釣りがきた、ということ。

    ❦

　さて、この OSV という構文は目的語を文頭に出すという形の点で、またそうすることによって目的語を主題化するという機能の点で、受身文に近い面があります。たとえば競馬に強い男の例文をもとにつくった受身文をご覧ください。

Any shortfall in my pay-cheque was made up by the horses.

　もとの any shortfall in my pay-cheque the horses made up と比べてどこがどう違いますか？　そう、受身文のほうが2語長くなりましたね（was と by）。つまり OSV のほうが締まっている。その代わりに受身文のほうは、前後2つの名詞句を動詞句がしっかりつないでいる。比べると OSV の O と S のつながりのなさがよくわかる。それでも、「給料の足りない分」をトピックとして文頭に提示する点では同じです。

　お気づきになった方もいらっしゃるでしょうが、OSV の文の意味を日本語で説明するさい、助詞「は」を使ってきました。「自分が自分の人生の主役になれるのか、それともその座にはだれかほかの

人間が就くことになるのかは」「経験の面で足りない分は」「給料の足りない分は」という具合です。

それは助詞「は」にトピックを提示する機能があるからですね。たとえば「父がこの本を買ってくれました」の「この本を」を主題化したいときは、「この本は父が買ってくれました」とするわけです。

でも、英語の感じを日本語で伝えることには限界があります。OSV 構文の粘り気のなさというか、O と S との切断というか、たしかに O, SV とコンマを打ちたくなる間というか、そういう受身文との違いは、助詞「は」を使ってしまったら伝わらない。感覚的には「この本、父が買ってくれました」「給料の足りない分、馬が補ってくれた」のほうが近いかもしれない。だからといって、この日本語でつっぱるのも難しそう。

※

ところで、この OSV という語順、じつはあるところでしょっちゅう目にしていることにお気づきですか。

そう、目的格の関係代名詞に始まる関係代名詞節ですね。たとえば、こんな文です。

(2) Desperate for money, she called her sister, whom she hadn't spoken to in 20 years.

つまり、whom 以下の関係代名詞節だけを見れば、whom という目的語が前置された OSV です。そして、whom のところで主題化が行われている。日本語にすれば「どうしても金が必要で、彼女は姉に電話した。姉とはもう20年も口をきいていなかったのに」くらいでしょうか。

※

OSV は2つの事柄を対比・類比するときによく使われます。これは主題化という作用に伴う自然の成り行きでしょう。ちょうど日本語の助詞「は」に、「行きはよいよい、帰りはこわい」「花は桜木、人は武士」のような使いかたがあるのと似ている。

文法+α　I

　ここでアイルランド出身のイギリスの作家アイリス・マードックの *An Unofficial Rose*（1962）の冒頭を読んでみましょう。

> *I am the resurrection and the life, saith the Lord: he that believeth in me, though he were dead, yet shall he live.*

こんなふうにイタリック体で書かれた『ヨハネによる福音書』第11章第25節から始まります。

　1行アキのあと、つぎのような地の文となる。

> **Fanny Peronett was dead. That much her husband Hugh Peronett was certain of as he stood in the rain beside the grave which was shortly to receive his wife's mortal remains. Further than that, Hugh's certainty did not reach. The promise meant little to him that the priest had uttered. He did not even know what Fanny had believed, let alone anything concerning the possible consequences of her beliefs.**

　第2文の主節をご覧ください（**as**以下は時を表す従属の副詞節です）。**Her husband Hugh Peronett was certain of that much** とも書けるところを、**of** の目的語の **that much** を前置して **That much her husband Hugh Peronett was certain of** としています。

　この目的語前置は2つの役割を果たしています。その第1は、先行する文とのつながりを早い段階で示すことです。前文との間を詰めているといってもよい。

　その第2は、この文の **That much** と後続の文の **Further than that** を対比して際立たせることです。妻が死んだということ、そこまでは確かなことだったけれども、それより先には彼の確信は及ばなかったのですね。「それより先」の中身は、第4文、第5文に書いてあるように、妻は死後どうなるのかということです。そして第4文の **the promise . . . that the priest had uttered** は冒頭の「イエスは言われた。わたしは復活であり、命である。わたしを信じる者は死んでも生きる」という言葉を指す。司祭が唱えていたわけです。

　最後に付け加えますと、もちろん **further than that** のほうは副

詞句であり、目的語ではありません。それでも前置されて主題化されていることに変わりはない。名詞句の **That much** と副詞句の **Further than that** とのあいだに意味上の対比が行われています。第2文と第3文とが対になっている感じ、つかめましたか。

文法+α | I

inversion 倒置（I）

　欽定訳聖書（1611）の第1文、つまり『創世記』の第1文は「初めに、神は天地を創造された」です。

In the beginning God created the heaven and the earth.

つぎは新約に移り、『ヨハネによる福音書』の第1文は「初めに言(ことば)があった」です。

In the beginning was the Word, . . .

　さて、前置詞句 in the beginning はどちらでも文頭に置かれ、どちらでも副詞として働いている（→「前置詞句」の項参照）。しかし、2つの in the beginning の各文における立場はだいぶ違います。
　『創世記』のほうの in the beginning は気楽な身分です。ふらふらと文中の別の場所に出かけてもよい。

God, in the beginning, created the heaven and the earth.

　いや、家出をしたって構わない。

God created the heaven and the earth.

　屋台骨である主語＋動詞＋目的語という構造さえ変わらなければ、この家は崩れません。
　いっぽう、『ヨハネによる福音書』のほうの in the beginning は屋台骨の一部です。責任重大ですから勝手に動いてもらっては困ります。動いたとたん、文の残りをリシャッフルしなければならない。**In the beginning** が文頭にあるからこそ **was the Word** という語順になっているのであって、その点に変更が生じたら、残りも **the Word was** に戻すか、**there** を投入して **there** 構文にするか、どちらかでしょう。
　この『ヨハネによる福音書』の冒頭がよい例ですが、倒置構文というのは、文の各部分が他の部分とガチッと噛み合った構造物です。ルースな要素のすくない、したがって融通のきかない構文です

から、その構造さえ知っておけば、先の予測がついて読みやすいともいえます。

～※～

さて、倒置とは何か。H.W. Fowler の編集した *A Dictionary of Modern English Usage* (Second edition, 1965) で inversion の項を引いてみましょう。

> **Inversion.** By this is meant the abandonment of the usual order of words in an English sentence and the placing of the subject after the verb as in *Said he*, or after the auxiliary of the verb as in *What did he say?* and *Never shall we see his like again*.

のっけから **By this is meant the abandonment of ...** と倒置構文を使ってくるあたり、ファウラーも茶目っけたっぷりです。

1行目の **the abandonment** と2行目の **the placing** は、一瞬、独立した2つのことのようにも見えます。でも、動詞が **is meant** と単数になっていることからも窺われるように、2行目の **and** は前後を緊密に結ぶ **and** です（→「等位接続詞」の項参照）。要するに、「英語の文における通常の語順（主語＋動詞）を捨て、動詞または助動詞のあとに主語を置くこと」と倒置を定義している。わたしたちもこの定義に従うことにします。

なお、R.W. Burchfield が編集した *The New Fowler's Modern English Usage* (1996) は、倒置をもっと広く定義して、「目的語の前置」や「補語の前置」も倒置に含めます。「目的語の前置」は本書では別項を立てましたから、ここではバーチフィールドの例文で「補語の前置」だけ見ておきましょう。

> **Trusting she had been,** she who had been reared in the bosom of suspicion.

この文は主語＋動詞という順番は変わっていませんから、ファウラーの定義によれば倒置に入りません。

文法+α　I

　ファウラーの定義に従った「倒置」は大きく2つのタイプに分けられます。

　タイプⅠは v + S + V です。助動詞だけが主語の前に出て、本動詞は主語の後ろに残る。疑問文はこのタイプの倒置です。Do you love me?

　タイプⅡは V + S です。動詞全体が主語の前に出る。たとえば 'I love you,' whispered Jan. という文です。伝達動詞 whispered がまるごと主語 Jan の前に出ており、did Jan whisper とはなりません。

　タイプⅠの主要な使用局面は、①疑問文、②感嘆文（Isn't it odd! ヘンテコだなあ！）、③祈願文、④so, neither, nor のあと、⑤as 節および than 節のなか、⑥条件節で if を省略したとき、⑦否定の副詞または only で修飾された副詞を文頭に出したとき、となるでしょうか。といいますか、この分けかたは Michael Swan の *Practical English Usage* (Third edition, 2005) からの受け売りです。倒置という現象について概観なさりたい方には、まず *Practical English Usage* の279ページから281ページにあたられることをお勧めします。愛を囁くジャン君の例文は同書から拝借しました。

　ここで見ておきたいのは⑦です。まず短い例文で慣れましょう。否定の（あるいは only で修飾された）副詞に下線を施しておきます。よく観察してくださいね。

(1) <u>Never</u> had she been so confused.
(2) <u>Never again</u> would he return to Naples.
(3) <u>Never in all my life</u> have I felt so humiliated.
(4) <u>No sooner</u> had I got into the house than the phone rang.
(5) <u>Hardly</u> had they reached Edinburgh than they were ordered to return to London.

（わかってます、わかってます。本当は than じゃなくて when か before ですよね。でも、この No sooner . . . than . . . と Hardly

... when[before] ... との blending はかなり一般化している。*Macmillan English Dictionary* の hardly の項にも同じような例文が載っています。)

(6) At no time did anyone involved speak to the press.
(7) Under no circumstances are you to go out.
(8) Only in London did I find a purpose in life.
(9) Only by changing themselves can organizations continue to succeed.

　否定の副詞や only に修飾された副詞が先頭に置かれ、よく目立ちます。「かつてなかったことなのだ」とまず宣言してしまってから、「あのときのように彼女がまごついたことは」とつづける。「自己変革を重ねる以外に道はないのだ」と断言してしまってから、「組織が成功しつづけるには」とつづける。
　要領は呑み込めましたか。それでは練習問題です。つぎの文を (1) ～ (9) のような倒置構文に変形してください。

(10) The true identity of the author was not revealed until 100 years later.

　もう、できますね。まず、not と until 100 years later をつなげて文頭に置く。それから助動詞 was だけを主語の前にもっていく。あとはそのまま。

Not until 100 years later was the true identity of the author revealed.

「百年後までなかったのだ、本当の作者がだれなのか明らかにされることは」ですね。もとの文と比べ否定の副詞が際立ち、わかりやすい。その代わり、ちょっと張り切っている感じ、勢い込んだ感じになる。もとの文が肩から力が抜けているのと対照的です。
　このように否定の副詞が文頭に出た場合は、かならず倒置が起こります。 Not until 100 years later the true identity of the author was revealed. とはいいません。
　注意したいのは Not only が文頭に出た場合です。

(11) <u>Not only</u> do the nurses want a pay increase, they want reduced hours as well.

誤植だと思われた方もいらっしゃるかもしれません。2つの節を結ぶ等位接続詞 but がないからです。でも誤植じゃありません。もちろん they の前に but を入れても構いませんが、省略してしまうことがよくあるのです。きっと、本当は副詞にすぎない not only が、従属副詞節を導く接続詞のように感じられるからなのでしょう。

では、(11) をふつうの語順に戻してみてください。こんどは but が必要ですよ。

The nurses not only want a pay increase, but they want reduced hours as well.

2つの節の主語が同じですから、ふつうの語順の場合はもっと圧縮できますね。

The nurses not only want a pay increase but want reduced hours as well.

この文は2つの節の動詞も同じですから、もっといけます。

The nurses want not only a pay increase but reduced hours as well.

Spectator Book Club の書評（2010年3月17日）から1文を引きます。評されているのは簡単にいえば自然讃美の本。1行目の he はその著者を指します。

Only at the very end does he make explicit something that comes as a shock: a deep loathing of the human race in general and of himself as its representative.

1行目の make explicit something という語順については、「語順」の項をご覧ください。書評者の言を信じるなら、この本の著者は自然を愛し、自然を汚す人類一般を憎悪する。人類の一員である自分をも憎悪する。

もうひとつ例文を見ていただきます。ギリシア悲劇『アガメムノン』から。トロイア遠征から凱旋した総大将アガメムノンの台詞です（同箇所にたいするもう1つの英語訳も「目的格補語」の項で紹介します）。**Only** が **when** 節にかかります。

Only when man's life comes to its end in prosperity can one call that man happy.

否定の副詞ではなくて、否定詞をかぶった目的語が文頭に出たときも同じ倒置が起きます。たとえば、**He didn't say a word.** の **not a word** を文頭にもっていく。

Not a word did he say.

このように倒置が起こるのが自然です。なお、ファウラーは **Not a word he said.** という目的語前置の形について 'very out-of-the-way'（非常に風変わり）と評しています。つまり、こっちの形もなくはないらしい。

最後に、タイプⅠ（v＋S＋V）①〜⑦のうちの⑤を見ておきます。 **As** 節、**than** 節のなかでの倒置です。

(12) Eve's very tall, as was her mother.
(13) I voted Labour, as did my wife.

このように **as** 節中の主語が比較的長く（代名詞1語ではなく）、かつ動詞が比較的短いとき（助動詞ないしは代動詞1語のことが多い）、このような倒置が起きることがあります。この倒置は行わなくてもよいし、ファウラーなどはまったく不必要な倒置であるとして嫌います。たとえば、ファウラーはつぎのような例文を挙げます。

It costs less than did administration under the old companies.

そして、この **did** は省いてしまえ、さもなければその本来の位置である **administration** のあとか、**companies** のあとに置けばよいではないかといいます。

ファウラーは「国語の乱れ」を正さんとする規範的な辞書編纂家でした。わたしたちとしては、現実にはこの種の倒置が行われることを心得ておけばよいでしょう。大事なことは、ファウラーも指摘していることですが、長い語句は自然と後ろにもっていきたくなるということです。次項で扱う「場所句倒置」においても同種のバランス感覚が働きます。

ひとつ気になるのは、この⑤は、本当にタイプⅠなのかということです。ファウラーの挙げる例文に、こういうものがあるのです。下線は筆者が施しました。

These were persons to be envied, as might be someone who was clearly in possession of a sixth sense.

もうひとつ、ファウラーから。

The French tanks have had their vicissitudes, as have had ours.

このように動詞の全体が主語の前に置かれるのであれば、タイプⅡ（**V** + **S**）に分類されるべきであり、ますます「場所句倒置」との親近性が高いということになります。

もっとも、⑤に現れる動詞は助動詞または代動詞1語である場合が多いという事実は変わりません。

inversion　倒置（Ⅱ）

Michael Swan の *Practical English Usage* は、倒置のタイプⅡ（**V + S**）の使用局面を２つ挙げています。①場所の副詞（句）のあと、②直接話法における伝達動詞、という２つです。②は簡単です。

'I love you,' whispered Jan.

これは **Jan whispered** でも **whispered Jan** でも、どちらでも構わない。ただし、主語が代名詞であるときは **he whispered** がふつうです。でも、**said** は短いせいでしょうか、**said he** も珍しくありません。

たとえばジェイン・オースティンはよく **said he** とやります。つぎのは『高慢と偏見』（1813）の第52章から。

"I am afraid I interrupt your solitary ramble, my dear sister?" said he, as he joined her.

この **said he** ほど多くはありませんが、オースティンには **replied he** も出てくる。

ファウラーも **he said** と **said he** の両方があることを当然の前提として書いています。

　　　　　　　　　　　※

それでは話を①のほうに移しましょう。「場所句倒置」などとよばれる現象ですが、例文を見たほうが早いですね。まずは形を観察してください。動詞（句）に下線を施すことにします。

(1)　Near the railway station stood a hotel.
(2)　At the back of her mind was the thought that he might be with someone else.

(1)はつまらない例文、(2)は面白い。 **She** と **he** は夫婦か恋人同士、**someone else** は別の女性です。おっと、倒置の話でしたね。**Near the railway station** とか、**at the back of her mind** とか、場

所を表す副詞句が文頭に置かれ、主語の前に動詞の全体が出ている。(1) のほうならわかりますね、**stood a hotel** となっていて、**did a hotel stand** となっていないことが。

(2) は be 動詞ですから、『ヨハネによる福音書』の冒頭とそっくりです。

In the beginning was the Word, . . .

この構文には **be** とか **stand** とか、「存在」を表す動詞がよく現れる。つぎの例文は **lie** です。

(3)　And herein lies the key to their achievement.

それから「出現」の動詞もよく出現する。

(4)　The egg cracked open and out came a baby chick.
(5)　From somewhere too close for comfort came the sound of machine-gun fire.

「出現」の動詞のときは、副詞（句）も方向や経路を表すものになる。

そろそろ感じがつかめたのではないでしょうか。この構文は昆虫みたいですね。かならず3つの部分から成っている。頭が副詞（句）、胸が動詞（句）、腹が主語。昆虫と違うのは、あらっぽくいえば、真ん中の動詞句を中心にして、前後をぐるんと入れ替えられるということです。(4) で試してみましょうか。

The egg cracked open and a baby chick came out.

ほら、これでもいけますね。でも、感じは変わっちゃう。もとの (4) だと、卵にひびが入って割れ、出てきた、出てきた、小さなヒヨコ、と最後にかわいらしいものがきます。だからこそ、倒置構文を使っている。

❦

場所句倒置構文の機能は、重いものを後ろに置くことにあります。その「重い」に2種類ある。

第1は、情報としての「重さ」「重要性」です。**(4)** のヒヨコもそうですし、**(1)** のホテルもそう。歩きづめに歩いてきて、もう日も暮れてきた。今晩はどこに泊まろうかなと思っているうちに、駅の前に出た。 **Near the railway station stood a hotel.**

　これは旧情報（**the railway station**）から新情報（**a hotel**）へという叙述の順番の問題、文章の流れの問題でもあります。聞き手、読み手に先行箇所とのつながりを早く提示しているといってもよい。

　第2は、物理的な「重さ」です。たとえば **(2)** の動詞の前後をぐるんと入れ替えるとどうなるか。

The thought that he might be with someone else was at the back of her mind.

　これは頭でっかちで、すわりが悪い。比べると、もとの **(2)** は姿がよい。長い主語を後回しにしたお陰です。どうしても **The thought** を文頭に置くのであれば、つぎのようにしたいというバランス感覚が働きます。

The thought was at the back of her mind that he might be with someone else.

　ただし、**the thought** と、それと同格の **that** 節が離れてしまうという難点がある。

　よく使う文型に **Among X are A, B, C, . . .** があります。

(6)　**Among the invited guests were Jerry Brown and Elihu Harris.**
(7)　**Among her many virtues are loyalty, courage, and truthfulness.**

　これなんか **A, B, C, . . .** のリストが長くなれば、第1の意味でも、第2の意味でも、つまり2重の意味で「重い」ものが後ろにくるわけです。

さて、この場所句倒置構文は、そこに出現しやすい動詞のタイプといい、その機能といい、みなさんがよくご存じの何かとそっくりでしょう。そう、**there** 構文ですよね。といいますか、**there** 構文は場所句倒置構文の1類型が定型化したものと考えればよい。

じっさい、たとえば **Among X are A, B and C.** という文は、**Among X there are A, B and C.** と **there** を入れてもいえますし、**There are A, B and C among X.** のようにもいえます。

❦

もうすこしいろいろ見ておきましょう。ときどき 'After X comes Y' というのを新聞の見出しなどで見かけます。バブルがはじければ **'After the gain comes the pain'** ですし、有名人の死が商売の種にされれば **'After the mourning comes the earning'** です。それぞれ gain/pain, mourning/earning と韻を踏んでいます。

つぎは19世紀イギリスの批評家ジョン・ラスキンの有名な言葉。これは「省略」と「句読法」の例文としても使える、とっておきです。

Out of suffering <u>comes</u> the serious mind;
Out of salvation, the grateful heart;
Out of endurance, fortitude;
Out of deliverance faith.

❦

すでに申し上げたように、これは副詞（句）＋動詞（句）＋主語という3つの要素からなる構文です。ですからふつうは自動詞がくる。目的語が必要になってしまいますからね、他動詞では。でも、他動詞でも受身になれば目的語は消えます。ファウラーによる **inversion** の項の記述の出だしはこうでした。

By this <u>is meant</u> the abandonment of . . .

倒置を定義したのち、ファウラーは疑問文、命令文、感嘆文の場

合について述べ、つづいて条件節で **if** が省略された場合に話を移します。そのときの文がこれ。

> To these forms of sentence <u>must be added</u> the hypothetical clause in which the work ordinarily done by *if* is done in its absence by inversion: *Were I Brutus. / Had they known in time.*

このように、動詞句は助動詞を伴う長いものでも構わない。その点も **There** 構文と同じだと思っていればよいわけです。

⁂

この「3要素倒置構文」、別名「昆虫型構文」において、文頭に出る副詞（句）はたしかに「場所」や「方向」「経路」を表すものが多い。動詞（句）はたしかに「存在」や「出現」を表すものが多い。それを「場所句倒置構文」とよびます。でも、'By Y is meant X' からもわかるように、ほかの種類の副詞（句）、ほかの種類の動詞（句）もくる。ファウラーの挙げた例文をひとつ引きます。

> On this <u>depends</u> the whole course of the argument.

先行する部分とのつながりをまず明らかにして「この点にかかっているのだ」といってしまい、そのあとから「この議論全体の行方が」とつづけている。

つまり、「3要素倒置構文」の代表格に「場所句倒置構文」があるけれども、「場所句倒置構文」とはよべない「3要素倒置構文」もあるわけです。

ファウラーはこの文を例にとって、このタイプの倒置は必ずやらなければいけない倒置ではない、つぎのように書くこともできる、といいます。

> On this the whole course of the argument <u>depends</u>.

つまり、計3通りの書きかたがある。

(イ)　X <u>depends</u> on Y.

(ロ)　On Y depends X.
(ハ)　On Y X depends.

ただし、「存在」を表す be 動詞の場合、「副詞（句）＋主語＋ be」という形は好まれず、**There** 構文が好まれる。

※

場所句倒置が活躍する1場面として関係代名詞節があります。先行詞を受けて、..., in which ... とか、..., on which ... とか、関係代名詞節の頭に副詞句が生じることがすくなくないからです。上記(イ)(ロ)(ハ)のうち、選択肢が (ロ) か (ハ) の二者択一になるといってもよい。ディケンズの『オリバー・ツイスト』（1838）も終わり近くの第52章。オリバーはニューゲイトの監獄にフェイギンを訪ねます。

There was an open grating above it[= the door], through which came the sound of men's voices, mingled with the noise of hammering, and the throwing down of boards.

格子窓を通して聞こえてくる男たちの声。槌を使ったり板を放り投げる音。明日、フェイギンが立つことになる絞首台をつくっているのです。

※

せっかくですから、『オリバー・ツイスト』第1章の出だしも読みましょう。ちょっと入り組んでいますが、辛抱づよく読んでください。場所句倒置構文の動詞句に下線を引いておきます。さあ、主語は見つかりますか？

Among other public buildings in a certain town, which for many reasons it will be prudent to refrain from mentioning, and to which I will assign no fictitious name, there is one anciently common to most towns, great or small: to wit, a workhouse; and in this workhouse was born; on a day and date which I need not trouble myself to repeat, inasmuch as it can be of no possible consequence to the reader, in this stage

of the business at all events; the item of mortality whose name
is prefixed to the head of this chapter.

ヒントが必要かもしれません。

まず、was born の直後のセミコロンからつぎのセミコロンまでは括弧に入っていると思えばよい。

それから、下から2行目の the item of mortality というのは要するに「人間」のことです。Mortality は「死すべき運命」で、ここではその運命を背負った「人類」の意。その mortality は集合名詞なので、an item of mortality とすることによって「人類のうちの1個」つまり「1人の人間」となる。関係代名詞節がかかり、どの人間か特定されるので、定冠詞がかぶせてあります。

関係代名詞節でいっていることは、勘のいい人には察しがつくかもしれませんが、ここだけ読んでもわかりません。章の頭、Chapter I という文字のすぐ下に、「本章はオリバー・ツイストの出生の場所、およびその出生にまつわる事情について語る」というごく簡単な梗概が付されているのです。

＊＊＊

最後に付言しますと、動詞を中心にして荷物を前後に振り分ける倒置には、第2文型をひっくり返したC＋V＋Sもあります。『マタイによる福音書』第5章第3節は有名ですね。

Blessed <u>are</u> the poor in spirit,
for theirs is the kingdom of heaven.

つぎは『バーチフィールドのニュー・ファウラー』にある例文。

Most notable among the Bodleian's Gibson manuscripts <u>are</u> two volumes of collections for the edition of Camden's Britannia.

これらの be は連結動詞ですから、場所句倒置に現れる「存在」の be とは違う。それでも、重いものを後ろにもってくる感覚は同じです。

ただ、これが本当にタイプⅡに入るC＋V＋Sなのか、それともタイプⅠに入るC＋v＋S＋Vなのか、どうもわからない。オスカー・ワイルドの童話「王女の誕生日」には、つぎの1文があります。

So great had been his love for her that he had not suffered even the grave to hide her from him.

これを見ればタイプⅡということになります。しかし、『創世記』第47章第9節には、つぎの1文がある。

. . . ; few and evil have the days of the years of my life been, . . .

これを見ればタイプⅠということになる。

たしかに、タイプⅠとタイプⅡというのは非常にわかりやすい分類です。しかし、両タイプに二股をかける倒置、つまりv＋S＋VとV＋Sのどちらかいっぽうに決められない浮気性の倒置も存在するように思います。

long words　長い単語

　家族でケンブリッジに暮らした1年間、息子たちは地元の小学校に通いました。日本における漢字の書き取りと同じことで、イギリスでは単語を綴れるようにしてくる宿題がでます。上の息子は夏まで5年生、秋から6年生で、毎週10語から15語を覚えていました。

　週ごとにテーマがあり、同じ語尾で終わる語の特集だったり、「つなぎ言葉」の特集だったりします。6年生ともなれば、**suspicious** に **unconscious**, **consequently** に **alternatively** と長めの単語もすくなくない。

　10文字を超えたあたりから長く感じられるのではないでしょうか。その昔、自分に **encyclopaedia** なんて覚えられるだろうかと心配だったのが懐かしい。日常語では **transportation** や **instantaneously** などが長いほうでしょう。これが15文字を超えると専門用語が多くなり、**immunodeficiency**（免疫不全）とか **lepidopterologist**（鱗翅類学者）とか、相当にいかめしくなります。

❦

　うちに *Chitty Chitty Bang Bang* のカセットテープがあります。聴いていますと、あの魔法の自動車が空飛ぶ車 'aerocar' に変身する場面ではこういっている。

And then the most extraordinary transmogrifications, which is just a long word for 'changes', began to occur.

　そう、意味だけなら **changes** で用は足ります。でも、チェインジズじゃオーディナリィです。トランスモグリフィケイションズだからエクストローディナリィなのです。この **transmogrification** が18文字。

❦

　さて、息子の宿題ですが、ある週のこと、単語リストのいちばん下に **antidisestablishmentarianism** があるではないですか（28文

字)。先生のいたずらですね、これは。ほかの語と比べて必要度はごくごく低い。というか、ほとんど必要性ゼロ。どう、びっくりした？ という先生の声が聞こえてくる。

こんな蛇のような単語は『博物誌』のルナールに倣って「長すぎる」とだけ呟いて、捨て置いても構いませんが、分解すれば勉強になる。上の28文字に意味上の切れ目を入れると **anti-dis-establish-ment-arian-ism** です。国教制を廃すること（**dis-establish-ment**）に、反対する（**anti**）、派の（**arian**）、主義（**ism**）という意味だとわかる。接頭辞 **dis-** は動詞について当該の動作を解除することを表し、接尾辞 **-ment** は動詞から名詞をつくる。

この **antidisestablishmentarianism** は長い単語として有名で、日本語で最も長い植物名といわれる「竜宮の乙姫の元結の切り外し」と同じくらい、いやもっと有名です。これを『ランダムハウス英和大辞典』（第2版）で引くと「自然な語としては最も字数の多い語（28文字）として知られる。英国の首相 **W. E. Gladstone** の造語」と注記がある。19世紀の「造語」が「自然な語」なの？ と首をかしげたくなりますが、まあ、何やら特別な地位を与えられている語であるらしいことはわかる。

Oxford English Dictionary（**Second edition**）がこの語に与える語義も読んでおきましょうね。

> **Properly, opposition to the disestablishment of the Church of England (*rare*): but popularly cited as an example of a long word.**

本来の意味で用いられることは稀で、長い単語の例として挙げられるのが一般である、というわけです。副詞の **properly** と **popularly** の対比が味わい深い。なお、*OED* は初出として1900年の *Notes & Queries* 誌からの1文を引いており、ということはつまり、グラッドストン（1809–98）による造語であるという説はすくなくとも文献上は確認されていないらしい。

この28文字の存在をはじめて知ったのは高校生のころ、村田聖明著『現代英語60講』（ELEC出版部、1972年）に収められた一講「長い単語」を読んだときでした。そこにはさらに長い2語が紹介されています。まず、**floccinaucinihilipilification**（29文字）は「（何かに）毛ほどの価値も認めないこと」です。パブリックスクール出身者がつくったのかなあと思います。あらっぽく説明しますと、ラテン語で「無価値」を意味する語 flocci, nauci, nihili, pili を並べた、いかにも造語という感じの造語です。*OED* の初出は1741年、その引用例文を見ておきましょうか。詩人 Shenstone の書簡からです。

> **I loved him for nothing so much as his flocci-nauci-nihili-pilification of money.**

あの男のどこが好きだったといって、金なんか屁とも思わないというあの態度が好きだった、というわけです。

もう1つは **pneumonoultramicroscopicsilicovolcanoconiosis**（45文字）で、こちらは病名。これも分解すれば理解できますし、覚えられます。最初の **pneumono-** は「肺」の意の連結形。「肺炎」の **pneumonia** をご存じの方も多いでしょう。つぎの「ウルトラ」は英語では「アルトラ」という音。そのあとは **microscope**（顕微鏡）、**silicon**（ケイ素）、**volcano**（火山）と馴染みの顔が並びます。最後の **coniosis** はギリシャ語の「塵埃」に由来する **coni-** と、病名に付くことの多い接尾辞 **-osis** からできている。

ですから、この45文字を簡単に「塵肺（症）」としている英和辞典もありますが、村田氏の説明をそのまま借りますと「顕微鏡でも見えないほど小さな、火山性の珪素が肺に入って起こす炎症」です。この点の説明は研究社の『新英和大辞典』（第6版）が最も正確です。「塵肺（症）」というだけなら **pneumoconiosis**（14文字）ですむ。

『新英和大辞典』には、この45文字の単語がその辞典のなかで最も長い語であるとの注記があります。また、*Oxford Dictionary of*

English（*OED* とは違います）で28文字の単語を引いていただくと、そこの usage 欄で29文字の単語と45文字の単語が紹介され、やはりこの45文字がその辞典で最も長い語であると書いてある。

※

ところで、英語でいちばん長い単語は日本語でいちばん長い文よりも長いことをご存じですか。なにしろ英語でいちばん長い単語は smiles です。これにたいして日本語でいちばん長い文は「起きろよ」ですから、約1609 − 1000 ＝ 約609メートルだけ smiles のほうが長い。

英語の長い単語についてさらに知りたいという方は、インターネットで AskOxford.com というサイトにいらっしゃるのがよいでしょう。そこの Ask the Experts というコーナーの Words の項の FAQs に 'What is the longest English word?' も入っています。

伝統的なところでは、*Brewer's Dictionary of Phrase and Fable* にも long words という項がある。

最後は、いちばん好きな長い単語で締めくくらせてください。ディズニーのミュージカル映画『メリー・ポピンズ』（1964）に出てくる supercalifragilisticexpialidocious（34文字）です。これはメリー・ポピンズの魔法の言葉。困ったときに唱えれば、暗い気分も吹っ飛んで、顔が自然とほころんでくる。この言葉を口にすると、映画中の同題の楽曲とそれを歌うジュリー・アンドリュースを思い出し、家族でDVDを観たときのこと、またミュージカル版の *Mary Poppins* を見物しに劇場まで出かけたときのことが甦ってくるのです。

noun equivalent　名詞相当物（Ⅰ）

一瞬、誤植かと思う、こんな文があります。

I think that that that that that man wrote should have been underlined.

アレ、アレ？　アレ、アレ、アレ？　5つ並んだ that の1つ1つを説明できますか。うーん降参、とおっしゃる方のために、すこしわかりやすくしますね。

I think that that 'that' that that man wrote should have been underlined.

なーんだ、ですよね。引用符でくくるべき that が入っているなんてずるい。それが許されるなら、いくらでもつくれるぞ。

I have to say that that 'that that that that that' that that sentence contains is grammatically correct.

さらにこの文をもとにして……。もうやめますけど。

　　　　　　　　※

なぜこういうのが面白いかというと、通常、同一語は連続して用いられないからです。犬が5匹いるからといって、**dog dog dog dog dog** とふつうは言いません。では、なぜ that は連続的に用いることができるのでしょう？　そう、that にはいろいろな機能があるからですね。つまり指示代名詞（あれ）として働くだけでなく、指示形容詞（あの）としても、副詞（あれほど）としても、関係代名詞/関係副詞としても、名詞節や副詞節を導く接続詞としても働くわけですから、八面六臂の大活躍です。だから、ときに紛らわしい。

たとえば **The news that she broke** という文字がちらっと目に入ったとします。もちろん、この that は関係代名詞であるかもしれません。

The news that she broke was so shocking.

動詞 break は「(bad news を) 知らせる」の意です。
でも、こうつづくかもしれない。

The news that she broke up with her boyfriend spread fast.

この文の that は the news と同格の名詞節を導く接続詞だったということになります。

                ❦

この種の紛らわしさに注意を払いつつ、本項では「名詞相当物」を整理しておきます。「名詞相当物」は耳慣れない言葉かもしれませんが、名詞ではないのに文のなかで名詞の役割を果たす語、句、節のすべてを包括する概念として使うことにします。

この noun equivalents という観念は細江逸記の『英文法汎論』(改訂新版、昭和46年、篠崎書林) を読んで知りました。細江はこれに「名詞相当語句」という日本語をあて、そのなかに節 (細江のいう「文句」) を含めます。わたしはどうも「語句」に「節」を含めることに抵抗を覚えるので「名詞相当物」とよばせてください。

「前置詞句」の項でも申し上げたように、いわゆる5文型の文型表示 **SV, SVC, SVO, SVOO, SVOC** を眺めていると、英語の文というのが非常にすっきりしたものであるように思えますが、実際はずいぶんこてこてした文もある。そのこてこての一因として S や C, O に入りうる名詞相当物の多様性を挙げることができます。それから名詞相当物は前置詞の目的語になることもある。

名詞相当物のうち、代名詞については問題ないでしょう。形容詞が名詞として使われることがあるのもご存じのとおり。その代表は定冠詞をかぶった形容詞ですね、**the rich**（=rich people）とか、**an eye for the beautiful**（審美眼）とかに見られるような。

引用句も名詞として働くことがあるのは冒頭の誤植もどきの文の **'that'** で確認済みです。ここでは細江逸記から例文を1つ拝借するとしましょう。沙吉比亜です。

'Was' is not 'is'; . . . (『お気に召すまま』第3幕第4場)

シーリアの台詞で、恋人の誓いなどあてにならないものだという趣旨。ぼくはなぜか「彼は昔の彼ならず」という文句を思い出します（対応する英語をお知りになりたい方は太宰治の同名の短篇をお読みください）。

✼

ここから先はすこし丁寧に見ていきます。まずは名詞的用法の to 不定詞から。例文中の下線部を1つの名詞と考えればいいですね。

(1) <u>To say I am disappointed</u> is an understatement.

下線部全体が文の主語。この人、本当ははらわたが煮えくりかえっている。

ちょっと脱線しますが、親が子にいう決まり文句の1つに **'I'm not angry, I'm disappointed.'** というのがあります。「お父さんはね、怒っているんじゃないんだ。がっかりしているんだよ」 勝手に期待して勝手にがっかりしている。逆に、雑誌の1コマ漫画でこんなのを見たこともあります。子を叱る親の絵の下に親の台詞が書いてある――'I'm not disappointed, I'm ANGRY!'

脱線に脱線を重ねますと（**digression upon digression**）、このように英語の否定は紛らわしいことがある。日本語では区別する2種の否定「怒っていません」と「怒っているのではありません」を区別しないからです。日常生活でもよく口にする表現でこんなのもあります。

It's not cold, it's freezing.

日本語ではこういうとき「寒くありません」とは言いませんね。「寒いなどというものではありません」のように言う。つぎの例も同じです。

I didn't buy it, someone gave it to me.

文法+α Ⅰ

　こういう場合、英語では **buy** を強く発音して区別するだけですが（そして文字の上では **buy** を引用符でくくるとか、**BUY** と大文字にするとかはできますが）、日本語では「買いませんでした」と言わずに「買ったのではありません」と言います。なお、この「買ったのではありません」については山田敏弘氏の『日本語のしくみ』に教わりました（40–41 ページ）。

　このように何を区別し、何を区別しないかは言語によって異なります。日本語では「満天の星」と言っても全天を覆いかくす1個の巨大な星を想像したりしませんが、英語では **star** を複数形にして **a skyful of stars** のように言う。こういう言語による違いに気づくことは外国語の勉強の大きな楽しみです。

※

　さて、本題に戻り、名詞相当物としての to 不定詞の例文をもうすこし見ます。

(2)　Our first task is <u>to gather information</u>.

　この文のように to 不定詞が be 動詞の補語になると、ちょっと紛らわしい。予定や運命など、これから先のことを表す「**be + to不定詞**」と形が同じになるからです。

　To 不定詞の否定形（**not to do something**）や完了形（**to have done something**）はだいじょうぶでしょうね。否定形の例が第Ⅱ部で読む 'Our Nicky's Heart' の第11回原文6–8行目にあります。

But then, if part of her son lived on in another, wasn't it just a new kind of agony <u>not to know who or where</u>?

形式主語 it が否定形の to 不定詞を指している。
つぎは完了形の例。金メダリストへのインタビュー。

(3)　How does it feel <u>to have won the gold medal</u>?

これも形式主語 it が完了 to 不定詞を指しています。
To 不定詞の意味上の主語は前置詞 for を用いて示すのでした。

(4) There's nothing worse than <u>for a parent to ill-treat a child</u>.

それから「疑問詞＋to不定詞」の例文も1つ。

(5) There was no international consensus on <u>how to deal with the situation</u>.

下線部全体が前置詞 on の目的語になっている。

❦

つぎは動名詞です。動名詞は現在分詞と同じ形ですから、**be** 動詞の後ろにくると紛らわしい。第Ⅱ部 'Our Nicky's Heart' の第2回原文2–3行目をご覧ください。

A farmer whose business is <u>rearing livestock</u> knows . . .

これは動名詞が **be** 動詞の補語になっているのであって、**rear** の現在進行形ではない。そしてそのことは形だけからはわかりません。意味を考えてはじめてわかる。

第3回原文5–8行目も見ておきましょう。

More than any of his brothers, he was the cocky, reckless young stud and, ㈦<u>being such</u>, was indulged like none of his brothers had been — his mother's favourite despite, or because of, ㈺<u>not being a girl</u>.

下線部 ㈦ は副詞的な分詞。下線部 ㈺ は否定形の動名詞で、**despite** と **because of** の両方の目的語になっている。

第10回原文2行目には否定形の動名詞が主語になっている例があります。

<u>Not sharing it with them</u> might be a bad move, . . .

つぎは勤め先が自宅から遠いことを嘆くときの言葉。

(6) It's a real drag <u>having to travel so far to work every day</u>.

形式主語 it が下線部（have to do の動名詞）を指す。 It's a real drag は「ほんと、うんざりだよ」という感じ。通勤のつぎは子育て。

(7) It's bad enough having to bring up three kids on your own, without having to worry about money as well!

男手/女手ひとつで3人の子どもを育てなきゃならないだけでも大変なのに、そのうえお金の心配までしなけりゃならないなんて！
なお、ここのyouは総称的に一般の人を指します（→第Ⅱ部第6回参照）。
動名詞の完了形も見ておきましょうか。

(8) Ian felt a pang of conscience at having misjudged her.

「彼女を誤解していたこと」が at の目的語ですね。

※

本項の最後に見ておきたいのは、意味上の主語が載った動名詞です。
　意味上の主語が（代）名詞の所有格で表される場合は問題なし。**Your doing something** とか、**John's not having done something** とか書いてあれば、それが分詞ではなくて動名詞であることが形だけからわかります。
　意味上の主語が人称代名詞の目的格で表される場合も、ほとんどは動名詞でしょう。

(9) We're depending on him finishing the job by Friday.

前置詞 on の目的語は「彼が金曜までに仕事を終えること」ですね。もっとも、この him doing という形そのものは独立分詞節でも現れる形です。
　紛らわしいのはふつうの名詞の目的格でもって意味上の主語を表してある場合です。

(10) heartrending stories of children being taken from their parents

(11) The authors reject the hypothesis about <u>unemployment contributing to crime</u>.

それぞれ「子どもがその親から引き離されるというあまりにもむごい話」「<u>失業は犯罪を増やす一因になる</u>という仮説を著者たちは採らない」ということです。

しかし、形の上では「名詞＋（形容詞として後ろからかかる）現在分詞」と同じであるために、たとえば (10) であれば「親から引き離されつつある子どもについての胸の痛む話」と読めなくもない。いささか紛らわしいのです。

さて、危ないのは階段、浴室、台所だそうですね。

(12) You can narrow the odds of _(イ)<u>a nasty accident happening in your home</u> by _(ロ)<u>being more safety-conscious</u>.

前置詞 of の目的語となっている下線部 (イ) は「<u>ひどい事故が家庭で起きること</u>」ですね。「家庭で起こるひどい事故」ではなくて。下線部 (ロ) は前置詞 by の目的語。「〜することによって」の意の by doing は頻用される。

スコットランドの作家 A.L. Kennedy の短篇集 *Night Geometry and the Garscadden Trains*（1990）の表題作に 'The stupidity of <u>someone being killed by the train that might normally take them home</u>' という文句が出てきますが、これも「<u>本人がふだんであれば帰宅の足に使ったかもしれない電車に轢かれて死ぬことの馬鹿らしさ</u>」ですね。「〜によって殺されつつある人の馬鹿さ加減」ではない。なお、take them home の them は someone を受ける代名詞です。

※※※

締めくくりにポール・オースターの『ガラスの街』（1985）の出だしを読みましょう。

It was a wrong number that started it, <u>the telephone ringing three times in the dead of night</u>, and <u>the voice on the other end asking for someone he was not</u>. Much later, when he was able to think about the things that happened to him, he would conclude that nothing was real except chance.

　下線部は動名詞で1行目の **a wrong number** と同格関係にある（つまり a wrong number についての再説）、とぼくだったら説明しますが、これを独立分詞節だと説明する人もでてきそうです。すくなくとも形の上からは区別がつきませんから。

　なお1行目はいわゆる「**It ... that ～ の強調構文**」です。そこにある started it の it は漠然と立てた目的語。実質的には、この間違い電話のあと「彼」の身に起こったことを指しますから、4行目の **the things that happened to him** と同じということになります。

　次項では、名詞として働く節のいろいろを取り上げます。文のなかでのさまざまな働きぶりを観察しましょう。

noun equivalent　名詞相当物（Ⅱ）

ここでは、文のなかで名詞として働く節を扱います。まずは第Ⅱ部 'Our Nicky's Heart' の第8回原文5-12行目をご覧ください。

But the second doctor said ₍ᗩ₎that he understood ₍ᵣ₎what we must be going through but in these situations more than one decision had to be made. He had his own careful way of saying ₍ᵥ₎what he said next — it must have come from training and practice — but the gist was ₍ᵤ₎that Nicky was (he didn't say 'had been') a very healthy young man and we should consider ₍ᵥ₎whether his organs should be made available to others.

これでだいたい顔ぶれがそろいました。

下線部 ㈠ は接続詞の that ですね。これが導く名詞節「〜ということ」はこの文のピリオドまでつづき、他動詞 said の目的語となっている。

下線部 ㈡ は疑問代名詞です。これが導く間接疑問「わたしたちがどんなつらい思いをしているかということ」は through までで、他動詞 understood の目的語となっている。

下線部 ㈢ は先行詞を兼任する関係代名詞、いわゆる複合関係代名詞です。これが導く複合関係代名詞節「つぎに彼が言ったこと」は next までで、動名詞になっている他動詞 saying の目的語となっています。

下線部 ㈣ はふたたび接続詞の that で、これが導く名詞節「〜ということ」はこの文のピリオドまで。 Be 動詞 was の補語となっています。

下線部 ㈤ は接続詞の whether で、これが導く間接疑問「〜かどうかということ」は文のピリオドまで。他動詞 consider の目的語となっている。

✦✦✦

このように、名詞として働く節には3種類あります。（A）**That**

節、(B) 間接疑問（what, which, who; when, where, why, how; whether, if で導かれる間接疑問）、(C) 複合関係詞節です。

これらが文のなかで S になったり C になったり、O になったりする。前置詞の目的語となることもあるし、名詞や他の名詞相当物と同格になることもあります。その様子を (A)(B)(C) の順に見ていきましょう。

(A) That節

前項（「名詞相当物（Ⅰ）」）でお話ししたように、この that 節が一瞬、関係代名詞節と区別しづらいときはありますけれど、**that** 節にてこずることはすくないでしょう。

前置詞の目的語となるケースとしては、つぎの3つを押さえておけばよいと思います。

(1) A date book would make a great gift, except that a lot of people already have one.
(2) Little is known about his early life, save that he had a brother.
(3) I've been lucky in that I have never had to worry about money.

いずれの文においても、下線を施した that 節が前置詞の目的語となっています。(1)(2)であれば「〜ということを除いては」ですし、(3)であれば「〜ということにおいて、〜という点で」です。どれも日本の英和辞典では熟語の扱いになっていることが多い。

なお、(3)の発話者のような人を羨み、それにひきかえわたしなんか……といじけるときは **It's all right for some!**（でも、わたしは **all right** じゃない）とか **Some people have all the luck!**（でも、わたしはおこぼれにもあずかれない）とか言います。

さて、**that** 節は単独で、すなわち **fragment** として使われることもあります。たとえば、アダム・スミスの『諸国民の富』（1776）の第1編第3章の章題というのか、章の梗概というのかは **That the Division of Labour is limited by the Extent of the Market.**（分業は

市場の大きさにより制約を受けるということ）です。

'Our Nicky's Heart' の第7回原文9–10行目には、こんな that 節があります。

> **Anyhow, hadn't I always been so keen to show it? <u>That I was the one with the brains in the family?</u>**

この that 節は形の上では fragment でも、意味の上では先行する文とがっちりつながっています。つまり、ひとまず show it と代名詞 it で漠然と目的語を立てておく。そして改めて具体的な内容を that 節で示すということをしています。ですから、この it は形式目的語だと言ってもよい。

こんどは第8回18–22行目をご覧ください。

> **In such a situation — to speak like an outsider — there are two opposing arguments. First, <u>that only the victim has authority over his own body</u> and since the victim is beyond all power of intelligence, how do we know that he would have been willing?**

この場合も下線を施した that 節は意味の上では先行する文としっかり噛み合っています。第2文を完全な文に書き直せば、**First, there is the argument that . . .** とか、**The first argument is that . . .** とかになるでしょう。

下線部の後半から直接疑問に化けていくところに書き手の技量を感じます。意味を考えればわかるように、この直接疑問も that 節の内部です。That 節が his own body までだと思うとわからなくなる。引用箇所の直後、第2の考えかたのほうは最初から直接疑問で示されます。うまいなあ。

もう一箇所、見ておきましょう。第16回4–6行目です。

> **And of course <u>(イ)that</u> was a possibility too — the difference in age. <u>(ロ)That the organs of the young might be received by those older.</u>**

下線部 (イ) の内容を文末で **the difference in age** と簡単に示して

おいてから、改めて下線部 (ロ) で丁寧に説明しています。下線部 (イ) は下線部 (ロ) を指す形式主語であると言ってもよいでしょう。

(B) 間接疑問

高校生のとき、間接疑問が名詞相当物で前置詞の目的語にもなることがわかったときは嬉しかった。どっちが先だったか忘れましたが、「前置詞＋関係代名詞」がわかったときも嬉しかった（→「関係詞（Ⅱ）の項参照）。その両方がわかってはじめて、たとえば **There was an argument about which ...** ときて、そのあとに **... way we should take.** とつづくかもしれないし、**... we should keep silent.** とつづくかもしれないということがわかるわけです。じつはこれら2つの **about which** は音で聞いているときは簡単に区別がつきます。前者であればゼァウォザァナーギュメンタバウト、ウィッチウェイウィシュドテイク。後者であればゼァウォザァナーギュメント、ァバウトウィッチ（,）ウィシュドキープサイレントという感じになりますから。

それでは間接疑問に下線を施して例文を並べます。間接疑問の働きぶりをとっくりとご覧ください。まず文の主語になる場合から。

(4) Making the rules is only part of it. <u>How the rules are carried out</u> is the other side of the coin.
(5) (イ)<u>How much you're paid</u> reflects (ロ)<u>how important you are to the company you work for.</u>
(6) Funny <u>how religion is creeping into the environmental debate.</u>

言うまでもありませんが、(5) の下線部 (ロ) のほうは他動詞 **reflects** の目的語。それから (6) は完全な文にすると **It is funny how ...** となります（→「省略」の項参照）。形式主語 **It** が指すのが **how** 節です。

余計なことかもしれませんが、(5) の下線部 (ロ) の **important** と **you** のあいだに **your boss thinks** の3語を入れたほうが正確かもしれませんね。

つぎは補語になる場合です。

(7) One measure of a civilized and compassionate society is <u>how well it treats its prison population</u>.
(8) So that's <u>how the system works</u>. Are you with me?

システムの仕組みについてひととおり説明しおえたチャーリーからの「おわかりですか？」にたいする答え、どうやら No のようです。

つづいては他動詞の目的語となる場合の例文です。

(9) Charlie explained <u>how the system works</u>, but I'm still none the wiser.
(10) I'm sure Suzy is dead but the awful thing is not knowing <u>how it happened</u>.
(11) It is hard to put into words <u>how I feel now</u>.
(12) <u>How he finagled four front row seats to the game</u> I'll never know.

「ちっともわからなかった」(be none the wiser) の the は「そのぶんだけ」の意の副詞。定冠詞ではありません。説明を受けたら「そのぶんだけ」理解が深まりそうなものですが、チャーリーの説明が下手なのか、「わたし」の予備知識が足りないのか、そのぶんだけ理解が深まることはありませんでした。(10) は {not knowing how ...} がひとかたまり。つまり not は動名詞を否定しているのであって、直前の動詞 is を否定しているのではない。これも形だけからはどちらともつきません。(11) の how 節は動詞 put の目的語（→「語順」の項参照）。(12) の how 節は know の目的語です（→「目的語の前置」の項参照）。コネでもあったのでしょうか、最前列の席を4つ「ゲットした」のですね。もしかすると front と row はハイフンでつなぎ、**four front-row seats to the game** とするほうがわかりやすいかもしれません。でも、いちばん難しいのはこの前置詞 to の使いかたでしょう。『リーダーズ英和辞典』の seat の項には **buy three seats to the ballet** という例があり、「バレーの切符を三枚買う」という訳がついています。感じとしては **the answer to your question**

とか、**the index to the book** とか、**the key to the back door** とか、**the trousers to this jacket** とかの **to** に近い。

ちょうど前置詞の話になったところで、間接疑問が前置詞の目的語となる例を見ます。

(13) a blow-by-blow account of <u>how England lost to Portugal</u>
(14) She had a little nagging worry in the back of her mind about <u>how Mickey would react</u>.
(15) The plan's success depends on <u>how vigorously the UN will back it up with action</u>.
(16) The age of a wine is a determining factor as to <u>how it tastes</u>.
(17) He was appalled at <u>how dirty the place was</u>.
(18) The workers had no say in <u>how the factory was run</u>.
(19) Any thoughts on <u>how we should spend the money</u>?

まず (13) の **a blow-by-blow account** は「微に入り細を穿った報告」ですが、ボクシングの中継でパンチの一打、一打を伝えることからきた表現なのでミスマッチですね、サッカーとは。ちゃんと **a kick-by-kick account** としなくちゃあ。(14) の前置詞 **about** がすこし離れた **worry** にかかるのはよろしいですね。つまり **a little nagging worry ... about how ...** です(→「前置詞句」の項参照)。(15) の「〜次第だ」(**depend on** +間接疑問)はすごくよく使う。(18) の名詞の **say** は「発言権」。(19) は文頭に **Do you have** が省略されています。「このお金どう使ったらいいか、何か考えある?」

最後に間接疑問が名詞の同格表現となる例です。

(20) He had not the foggiest notion <u>how far he might have to walk</u>.

「どれだけ歩かなければならないのか、皆目見当もつかなかった」ということ。なお、**had** の否定形はイギリスでも **did not have** が一般的になり、**had not** は稀少種となりました。しかし (20) の場合は **not the least ...** とか **not the slightest ....** とかと同様、**not** が **the foggiest** に引っぱられていますから自然に感じられます。

(C) 複合関係詞節（→「関係詞（Ⅱ）」の項参照）

What を中心とする複合関係詞は「先行詞＋関係詞」と説明されます。そして関係詞が導く節は形容詞節なのですから、(A) That 節、(B) 間接疑問のようなれっきとした名詞節とは異なります。しかし、複合関係詞節を全体としてとらえれば、その振る舞いかたは that 節や間接疑問とそっくり。

振る舞いかたがそっくりなだけでなく、間接疑問とは形までそっくり。ですから where you are が「あなたのいる場所」なのか、それとも「あなたがどこにいるかということ」なのか、文脈がなければわからない。

'Our Nicky's Heart' の第10回18–20行目に what 節が現れます。さて、これはどちらでしょう。

My father walked out of that room a second-in-command, but he had the task, he knew it, of telling Michael and Eddy <u>what had been decided upon without their knowing</u>.

文脈があってもはっきりしない。え？　どっちでも構わない？　ええ、この場合はそうかもしれません。

でも、細江逸記が『英文法汎論』で挙げた例 **I told him what I had told you.** の場合はどうですか。「あなたにした話」と「あなたに何を話したかということ」はだいぶ違いますよ。だって「あなたにした話」なら「あなたに話したという事実」は伏せて「彼」に話すことができるのですから。細江曰く「これは現代英語のいわば欠点のひとつで全くやむを得ない」。

文法+α **I**

objective complement 　目的格補語

　1812年、『チャイルド・ハロルドの巡礼』第1、2巻の刊行により、バイロンは一夜にして文壇の寵児となりました。のちに詩人はこう書きます。

I awoke one morning and found myself famous.

　この文の後半といいますか、I found myself famous. の部分が第5文型 SVOC ですね（→「前置詞句」の項参照）。そして SVOC の補語 C は目的語 O がどんなものなのか、あるいはどんな状態にあるのかを述べる。これを目的格補語とよび、第2文型 SVC の補語 C である主格補語（→「主格補語」の項参照）と区別します。

❦

　第5文型をとる典型的な動詞はこの find のほか get, have, keep, leave, make, render, set などで、これらは用途が非常に広い。
　つぎの例はハーディの『日陰者ジュード』(1895) の第1部第7章から。下線部が補語であることをはじめ、文の構造は難しくないと思います。どんなことを言っているのか察しがつきますか。1行目の his impassioned doings とは具体的にどんな行為だと思いますか？

He kept his impassioned doings <u>a secret</u> almost from himself. Arabella, on the contrary, made them <u>public</u> among all her friends and acquaintance.

　「彼」は貧しいながら学問を志す主人公ジュードです。ある日曜日の夕方、ビールも入り、前日に出会ったばかりのアラベラと懇ろになる。ネンゴロといっても彼女を家まで送る途中でしたキス3つ、4つですが、そのキス3つ、4つが his impassioned doings です。ジュードはこの「情熱的行為」のことを人に話さないのはもちろん、自分でも思い出さないようにするほどですが、アラベラのほうは友人や知り合いにべらべら喋る（こういうのを kiss and tell といいます）。
　なお、**acquaintance**（知人）は、現代の英語では複数なら s がつ

いて acquaintances となりますが、もとは集合名詞でした。*The Oxford English Dictionary* を見ますと、オースティンもジョージ・エリオットも、複数の意味でも acquaintance としていたことがわかります。

※※※

「典型的な動詞」よりずっと使用場面は限られますが、「よぶ、名づける、任命する」系の動詞 appoint, call, declare, designate, elect, name, nominate, style, term も SVOC の文型をとります。ここで諺をひとつ。

Call no man <u>happy</u> till he is dead.

これは巨万の富を築き、世界でいちばん幸せなのは自分だと思っていたリュディア王クロイソスにむかって賢人ソロンがいった言葉です。出所はヘロドトスの『歴史』。

同時代にアイスキュロスが書いた悲劇『アガメムノン』のなかでも、トロイア遠征軍の総大将アガメムノンが、凱旋したのちに似たようなことを言います（すでに「倒置（Ⅰ）」の項で、この台詞の別の英語訳を見ました）。

Hold him alone <u>truly fortunate</u> who has ended his life in happy well-being.

関係代名詞 who 以下が him にかかり、「満ち足りて生涯を閉じた者のみを真に幸運であると考えよ」となる。アガメムノンは、このすぐあとで妃クリュタイムネストラとその愛人アイギストスに殺されることになります。

この hold を含め、consider, deem, judge, think など「見なす、考える」系の動詞も SVOC の文型をとる。

(1)　Consider yourself <u>lucky</u> you weren't in the car at the time.

倒れてきた電信柱の下敷きになり、駐まっていた車が一台ペシャンコになった。嘆く車の所有者にむかい、「そのとき車のなかにいな

くてよかったじゃない、ついてたと思わなくちゃ」と慰める言葉です。副詞節を導く接続詞の **that** が lucky と you の間に省略されている。

こんなとき、やはりよく使うフレーズが **(It) could have been worse.** です。「もっと悪いことになっていたかもしれないよ」「それですんでよかったよ」ということ（→「比較級」「仮定法（Ⅰ）（Ⅱ）」の項参照）。

「選好」の動詞 like, prefer, want も SVOC になる。

(2) I like my coffee <u>very weak</u>.（濃いの飲めません）
(3) She prefers her coffee <u>black</u>.（ミルク使いません）

動詞の性格によっては、目的格補語は動詞の表す動作が終わったあとの目的語の状態を述べる。いわゆる「結果の補語」です。つぎの2例なんか有名ですね。

(4) I slowly pushed the door <u>open</u>.
(5) They painted the bathroom <u>a yucky green colour</u>.

第Ⅱ部の 'Our Nicky's Heart' で「結果の補語」が出てくるのは第17回原文16–17行目です。

... let them take out Nicky's heart and meanwhile cut her <u>open</u> and take out her iffy one ...

代名詞 them は病院の医師たち。「彼女（の胸）を切り、開いた状態にする」とは要するに胸部の切開手術です。

熟語ですと、「手短に言うと」の to cut a long story <u>short</u> や「これまでのことを御破算にする」の wipe the slate <u>clean</u> などが結果の補語です。

❦

以下、SVOC 構文の注意点を3つ、4つ。

まず、この構文はよく受身で使われますから慣れておきたい。受身になると目的語が主語になりますから、残った補語は主格補語と

よぶべきなのかな？

(6) Cabbage can be eaten raw.（生食）

せっかくですから、つぎの2つの文を見てください。

John ate the meat raw.（目的格補語）
John ate the meat nude.（こっちは主格補語）

面白いでしょう。大学で研究室がお隣の言語学の先生に教えていただいた例文です。

(7) The potatoes are sold loose.（ばら売り）
(8) Fifty-seven miners were buried alive.（生き埋め）
(9) A family of five were burned alive in their home last night.

あまりにも不幸な話で恐縮ですが、(9) の alive の代わりに結果の補語 dead を入れても文意は変わりません。

(10) All the other hostages were set free.（解放）
(11) The washing-up had been left undone.

この the washing-up というのはイギリス英語で「(食後の) 皿洗い」のこと。皿がシンクに積み重なっている状態。

(12) The land is to be left undisturbed as a nature reserve.（保全）

このように un ＋過去分詞はよく補語になります。

つぎの3つのように受身の形で定着していて、能動態のほうが珍しいような表現もあります。

(13) The lake was frozen solid.
(14) Their defence was found wanting.
(15) Hundreds of people are feared dead in the ferry disaster.

(14) はスポーツ記事などの「ディフェンス力が不足していた」。ただの was wanting ではなくて was found wanting ですから、試

合後の論評ですね。試合をした結果、ディフェンス力不足が露呈した、ということ。

それから、これは SVOC の C が名詞である場合に限られますが、SVOO と見分けづらくなることがあります。こんなジョークをご存じの方も多いでしょう。

A:（もちろん SVOO で）Call me a taxi.
B:（わざと SVOC に解して）OK. You're a taxi.

つぎの文ももちろん SVOO ですけれど、SVOC で使える場面だってあるんじゃないかなあと考えると楽しい。

(16) I'm making myself a sandwich.（おなか空いたから）

「語順」の項でもお話しするように、SVOC の O が長く重くなるときは SVCO となります。しかし、つぎのような例はどうでしょう。

(17) She pulled open the door and hurried inside.
(18) She drew the curtains and threw open the windows.
(19) He slid open the door of the glass cabinet.

動詞 + open/shut でさまざまな仕方の開閉が表現できるわけです。そしてこの類は、目的語がとくに長くなくても補語 open/shut が前に繰り上がり、SVCO となることがすくなくない。補語の open/shut が短いので、句動詞のように感じられるのかもしれません。たとえば turn off であれば、turn the lights off とも turn off the lights とも言えますね。目的語が代名詞のときは turn it off としか言いませんけれど。あの感覚に近いのかもしれない。

最後にイギリスの夕刊紙 *London Evening Standard* のウェブサイト thisislondon.co.uk で見つけた記事（2009年1月14日付）の見出しをご覧ください。最初にお断りしておくと、イギリスで leave school するというのは16歳で義務教育を終えて学校を卒業することで、ドロップアウトすることではありません。

Half of pupils leave school unable to read, write or add properly.

この文は leave ＋目的語＋補語で第5文型 SVOC, ではないということ、よろしいですね？　文意を考えれば明らかなように、この **unable** は目的格補語ではなくて、主格補語です。第3文型 **SVO** のあとに主格補語がきている（真っ裸で肉を食べたジョンくんの文と同じ）。つぎのように書き換えればわかりやすいかもしれません。
When they leave school, half of pupils are unable to read, write or add properly. つまり、生徒の半数が、読み書き算盤も満足にできない状態で義務教育を終えるという由々しき現状が報じられているのです。

文法+α I

prepositional phrase　前置詞句

　英語の文型を大きく5つに分ける考えかたがありますね。主語（Subject）を S、動詞（Verb）を V、補語（Complement）を C、目的語（Object）を O で表して、①SV、②SVC、③SVO、④SVOO、⑤SVOC などと書きます。英文の根幹がくっきり見えて安心、すっきりしていて気持ちいい。

　でも、実際の英文ではここに枝葉のつくことが多い。S や C や O のところに現れる名詞を修飾する形容詞、形容詞句、形容詞節。V の動詞を修飾する副詞、副詞句、副詞節。そして副詞類は形容詞や文全体を修飾することもある。サッカリーの『虚栄の市』の冒頭の1文を見てください。

　　While the present century was ⑴<u>in its teens</u>, and ⑵<u>on one sun-shiny morning</u> ⑶<u>in June</u>, there drove up ⑷<u>to the great iron gates</u> ⑸<u>of Miss Pinkerton's academy</u> ⑹<u>for young ladies</u> ⑺<u>on Chiswick Mall</u>, a large family coach ⑻<u>with two fat horses</u> ⑼<u>in blazing harness</u>, driven ⑽<u>by a fat coachman</u> ⑾<u>in a three-cornered hat and wig</u>, ⑿<u>at the rate</u> ⒀<u>of four miles an hour</u>.

　ヤヤ、枝葉だらけだ。いったい第何文型？　でも、それはさておいて、下線を施した前置詞句の活躍ぶりをじっくり観察してください。これは極端な例であるにしても、英語における前置詞句の役割は大きい。

　では、⑴から⒀までの13の前置詞句が、この文のなかでどう働いているのか確認していきましょう。

　前置詞句は名詞を修飾する形容詞の働きをする場合と、動詞を修飾する副詞の働きをする場合とがあります。前置詞句の働きかたに注目するときには、前者を形容詞句、後者を副詞句とよぶことにします。

　⑴は While 節中の SVC の C を構成する形容詞句。
　⑵はその While 節と並列の副詞句（→「等位接続詞」の項参照）。

(ハ) は直前の名詞 morning を修飾する形容詞句。
(ニ) は動詞句 drove up を修飾する副詞句。
(ホ) は直前の名詞 gates を修飾する形容詞句。
(ヘ) は直前の名詞 academy を修飾する形容詞句。
(ト) は<u>直前の名詞 ladies ではなくて</u>、名詞 academy を修飾する形容詞句。つまり、(ヘ) と並列。
(チ) は直前の名詞 coach を修飾する形容詞句。
(リ) は直前の名詞 horses を修飾する形容詞句。
(ヌ) は過去分詞 driven を修飾する副詞句。
(ル) は直前の名詞 coachman を修飾する形容詞句。
(ヲ) は過去分詞 driven を修飾する副詞句。
(ワ) は直前の名詞 rate を修飾する形容詞句。

いかがでしたか、前置詞句の働きぶりは？ 形容詞句として働く場合と副詞句として働く場合とがあること、また直前の語を修飾するとは限らないことが、おわかりになったと思います。

なお、この文の主節（2行目の there 以下）から枝葉を落としてやると **there drove up a large family coach** という **there** 構文が見えてくる。無理やり5文型に当てはめるのなら、第1文型ですね。補語も目的語もありませんから。でも、**there** 構文は特殊な文型です。形式上の主語は **there** であるのに、意味上の主語は動詞（句）のあとに現れる名詞（句）なのですから。

❦

前置詞句の働きをこんどは短い例文で見ていきます。

(1) Jean is well enough now to consider her return _(カ)<u>to work</u>.

下線部 (カ) は直前の名詞 return にかかる形容詞句ですね。ジーンは健康が回復したので<u>職場への復帰</u>を考えています。つぎは赤ちゃんを産んだエリーです。

(2) Ellie needed to return _(ヨ)<u>to work</u> soon after the birth.

下線部 (ヨ) は直前の動詞 **return** にかかる副詞句。出産間もないのですが職場に復帰する必要があります。

では、第2組にまいります。

(3) The town still bears the scars of the bombings (タ)during the war.

下線部 (タ) は直前の名詞 **bombings** にかかる形容詞句。つぎは爆弾を落としたほうの人についての文。

(4) He served as a pilot (レ)during the war.

下線部 (レ) は直前の名詞 **pilot** ではなくて、動詞 **served** にかかる副詞句ですね。

最後にもう1組見ておきますか。

(5) Some birth defects are linked to smoking (ソ)during pregnancy.

下線部 (ソ) は動名詞 **smoking** にかかる副詞句ですが、動名詞が名詞的であるぶんだけ、下線部 (ソ) も形容詞句的に見えます。この **smoking** の名詞化をさらに一歩進めて、たとえば **the smoking of cigarettes (ツ)during pregnancy** とすれば、下線部 (ツ) は **the smoking** にかかる形容詞句となります。

(6) This drug should not be taken (ネ)during pregnancy.

下線部 (ネ) は動詞句 **be taken** にかかる副詞句。

前置詞句が2つつづく例も見ておきましょう。

(7) the recent growth (ナ)of interest (ラ)in African music

下線部 (ナ) は直前の名詞 **growth** にかかる形容詞句、下線部 (ラ) は直前の名詞 **interest** にかかる形容詞句。つぎも形はそっくりです

が、どうでしょう。

(8)　the cumulative effect ₍ᴧ₎of human activities ₍ゥ₎on the global environment

　下線部 ㈧ は直前の名詞 effect にかかる形容詞句、そして下線部 ㈫ もまた名詞 effect にかかる形容詞句です。直前の名詞 activities にかかるのではありません。

※

　第Ⅱ部の短篇 'Our Nicky's Heart' にも、もちろん多くの前置詞句が出てきます。たとえば第7回16–18行目。

… looks … that I realized they must have been giving me all my life ₍ᶁ₎behind my back.

　下線部 ㈩ は直前の名詞 life にかかる形容詞句ではなくて、動詞句 have been giving にかかる副詞句です。
　こんどは、第12回23–24行目。

… I've been stopped like a thief ₍ノ₎in my tracks …

　下線部 ㋥ も直前の名詞 thief にかかる形容詞句ではなくて、動詞句 have been stopped にかかる副詞句です。

　前置詞句がどこにどうかかっているのかを見きわめるには、まず先行する語句との連語関係（**collocation**）が大事な手がかりですね。たとえば **interest in** … とか、**effect on** … とか。もちろん、もっと大きな文脈、前後の意味の流れも大事。
　また、前置詞句は熟語（の一部）を構成することも多いので注意が必要です。上に出てきた **behind sb's back** は「(その人の) いないところで、陰で」という意味の熟語ですし、つぎの **in one's tracks** も「その場で」の意の熟語で、これはよく **stop** という動詞と一緒に使われる。

最後に、修飾される語と修飾する前置詞句とのあいだに大きな句や節が割って入る例を同じく **'Our Nicky's Heart'** からいくつか拾ってみます。

まず第6回21–23行目。

... the farm and all that sure sense {it could give you} (オ)<u>of how things lived and died</u>, safe in the bosom of the land ...

つぎは第9回10–12行目。

I could see the picture {seeping into at least my mother's head (the second doctor hadn't painted it for her but perhaps it was part of his training to let it take shape)} (カ)<u>of some person</u> ...

最後に第15回19－21行目。

... she simply didn't have access{, even if she could release it,} (キ)<u>to this information.</u>

いずれの下線部も形容詞句ですが、直前に { } でくくった部分が割り込んでいる。それぞれ、**all that sure sense (オ)<u>of ...</u>**、**the picture (カ)<u>of ...</u>**、**access (キ)<u>to ...</u>** とつながっているのが見えますか。なお、**the picture (カ)<u>of ...</u>** の箇所については「冠詞」の項も参照してください。

締めくくりに1つ問題を出しましょう。

The thought never crossed my mind (ヌ)<u>of accepting their offer and dropping the suit.</u>

これは大学で研究室がお隣の言語学の先生から教わりました。先生が高校生のときに遭遇して、構造を見きわめるのに苦労なさったという由緒正しい文です。下線部 (ヌ) はどこにどうかかっていますか。なお、**drop the suit** は「訴訟を取り下げる」ということ。

punctuation　句読法（Ⅰ）

　佐々木高政著『和文英訳の修業』の基本文例500題中の432番は **We do not realize the value of health till we lose it.** それは句読点も同じです。

✼

　まずは **Robert McCrum** 他著の *The Story of English*（1986）からの1文。ルネサンス期の英語には、古典語をはじめとする外来語がどっと流入した。他方、そういう気取った語彙を **inkhorn terms** とよんで嫌い、英語本来の **plain** な語彙を支持する声も高くなる。最初の行の **these twin traditions** はその2つの流れのこと。また、ローガン・ピアソル・スミス（1865–1946）はアメリカに生まれ、のちにイギリスに帰化した随筆家、英語学者。

> **The upshot of these twin traditions native and foreign was the emergence of a language to quote Logan Pearsall Smith <u>of</u> unsurpassed richness and beauty <u>which</u> however defies all the rules.**

　どうです、読みづらいでしょう。音読を試みても、息継ぎもできません。どうしても抑揚のない一本調子になってしまう。

　文の構造もひどく見えづらい。下線を施した **of** に始まる前置詞句はどこにどうかかるのか？　2重下線を引いた関係代名詞 **which** の先行詞は何なのか？

　ええ、お察しのとおりです。最後のピリオドだけ残して、ほかの句読点は全部とってあります。腕に覚えのある方は、消された句読点を復活させてください。ヒント——コンマが7つ、引用符が1組。

　それでは、句読点のある本当の原文を見ます。

> **The upshot of these twin traditions, native and foreign, was the emergence of a language, to quote Logan Pearsall Smith, "of unsurpassed richness and beauty, <u>which</u>, however, defies all the rules".**

有り難さがわかりますねー、コンマと引用符。引用符のほうは問題ないでしょうから、ここではコンマの役割について考えます。

もちろんコンマは前後を分けるのにも用いられます。

(1) When the meal was finished, Rachel washed up and made coffee.

このように1文中にコンマが1つだけの場合が典型的ですが、上の *The Story of English* からの引用ならば、関係代名詞 which の前のコンマがそうです。

でも、コンマは括弧をつくることもできる。名詞句 these twin traditions に後ろからかかる形容詞句 native and foreign の前後に打たれたコンマがそうだし、「ローガン・ピアソル・スミスの言葉を引けば」という独立不定詞の前後に打たれたコンマもそう。関係代名詞節中の however の前後のコンマも同じです。この3組の括弧のなかを飛ばしても文は成り立つ。

もう見えましたね。前置詞句 of unsurpassed richness and beauty も、関係代名詞 which 以下も、両方とも a language にかかります。それだからこその however です。他に類を見ないほどの豊かさ、美しさをもつけれども、しかし、どんな文法規則でも縛れない言語。そんな魅力的なやんちゃ坊主が誕生したというわけです（→「前置詞句」「関係詞（Ⅰ）」の項参照）。

※

つぎはアイルランドの作家 Anne Enright の小説 *What Are You Like?*（2000）の出だし。赤ん坊の描写です。

She was small for a monster <u>with</u> the slightly hurt look that monsters have <u>and</u> babies share the same need to understand.

小さな子どものことを humorously に「うちのちっちゃなモンスターが……」とモンスターよばわりすることはたしかにある

(*LDOCE* の monster の第3義)。でも、この赤ちゃんの場合は、生まれたときに母親が死んだのです。もちろん、先を読まなければわからないことですが。

ここでも、ピリオド以外の句読点を消してあります。お読みになれますか。下線を施した with で始まる前置詞句はどこにどうかかるのでしょう。2重下線の and は何と何を結ぶのでしょう。

いまの状態で読むと、前置詞句 with the slightly hurt look ... は直前の名詞 a monster にかかるように見えるのではないでしょうか。また、等位接続詞 and は She was small ... という節と babies share the same need ... という節を結んでいるように見えるのではないでしょうか。そして意味はチンプンカンプンなのではありませんか(→「等位接続詞」の項参照)。

では、種明かしです。

She was small for a monster, <u>with</u> the slightly hurt look that monsters have <u>and</u> babies share, the same need to understand.

前置詞 with の前に打たれたコンマのおかげで、前置詞句 with the slightly hurt look ... が直前の名詞 a monster に形容詞的にかかるのではなく、先行する「怪物にしては小さかった」という節全体に副詞的にかかっていることがはっきりしました。

また、share の後ろに打たれたコンマのおかげで、the same need to understand は share の目的語ではなく、the slightly hurt look と同格、つまり前置詞 with の目的語だということがはっきりしました。つまり、等位接続詞 and は monsters have と babies share を結んでいる。つまり、babies share も that に始まる関係代名詞節の内部です。怪物にしては小さかったが、怪物につきものの、そして赤ん坊もよく見せるあのちょっと傷ついたような表情を浮かべ、怪物と同じように「わからないよう」と訴えていた、ということ。

※

句読点の有り難さが身にしみたところで、つぎは「句読点抜き」

文法+α　I

を利用した創作を見てみましょうか。

　桂冠詩人だったテッド・ヒューズの第3詩集 *Wodwo*（1967）の **title piece** は、森に住む半人半獣の怪物（wodwo）が「おれは何者なのだ？」と自問する28行の詩です。詩は **What am I?** で始まり、最初の3行では疑問符やコンマ、ピリオドがほぼふつうに使われますが、それ以降は句読点がぐっと減り、ところどころに疑問符が現れる程度になっていく。そして15行目の疑問符のあとは、アポストロフィ以外の句読点は一切用いられません。19–21行目だけ読んでみます。

**But what shall I be called am I the first
have I an owner what shape am I what
shape am I am I huge . . .**

　大文字もこの19行目の **But** が最後になります。この「句読点抜き」によって、同じ問いが怪物の頭のなかでぐるぐるめぐっている感じがよく伝わってくる。

❦

　つぎは **Daren King** の *Boxy an Star*（1999）から。語り手は **Boxy** の子分、**Star** の「彼氏」です。2人は薬物中毒のティーンエージャー。ピリオド以外の句読点を省いてあるだけでなく、**going** を **goin** と、そして **and** を **an** と表記するなど、文字の上に発音を映しています。今回は、説明するのに代えて日本語に訳してみます。

Ever since she aint done no pills she has been goin a bit funny. Not even goin no where. Hangin round the flat makin it look like a mess. A mess like. Like what her brain has got like. Sittin on the floor an takin off her stinkies an puttin em back on again an again takin em off. Holdin her hands shut her fingers shuttin on her hands like she has got her hand palms in em an aint lettin em out an aint lettin nothin else get on em. Me sayin open em. Star sayin no. Sayin they are comin off when they aint. Sayin she aint even gonna. Coz if she opens her hands then her flipping palms are gonna come off peelin

offof her hands like hand palm stickers collect em send off for a album an stick em in. It is odd. A odd thing. She aint normally like that. She aint. She is one of the most sorted out birds what I know.

　クスリやらなくなってから彼女ちょいおかしくなってきた。外ぜんぜん出ないし。家ん中でうだうだして部屋ごちゃごちゃにして。そのごちゃごちゃが彼女のいまの頭ん中みたいで。床にすわりこんで悪臭素ぬいじゃはきぬいじゃはきぬいじゃはき。両手ぎゅっと握ってゲンコに握って中に手のひら隠してるぞ手のひら出すもんか手のひらに何もくっつけないぞみたいに。開いてみなってオレがいって。やだよってスターがいって。こうしとかなきゃ手のひらはがれちゃうよって。もうずっと開くもんかって。だって開いたら手のひら2枚ぺろんぺろんてはがれちゃうんだよって。まるで手のひらシールだ集めよう手のひらシールをアルバム注文して貼ろう手のひらシールを。へんだよ。へんな話だよ。いつもは彼女こんなんじゃないんだ。ないんだよ。オレの知ってる女の子ん中じゃ頭ん中さいこう整理されてるほうなんだから。

❦

　さあ、ずいぶん真面目に勉強しましたから、終盤は軽い話にしましょう。こんなのはご存じですか。

Woman without her man is nothing.

　この文にどう句読点を打つかによって male chauvinist pig にもなれるし、feminist にもなれるという一種のジョークです。まずは MCP の立場から打ちます。

Woman, without her man, is nothing.

　つぎは feminist になりましょう。

Woman: Without her, man is nothing.

文法+α **I**

句読点がらみのジョークの1つに危険なパンダの話があります。

とあるカフェにパンダがふらりとやってきた。笹の葉サンドを注文して食べ (**eats**)、食べ終わるとピストルを抜いて2発ぶっぱなし (**shoots**)、悠然と店を出ていきます (**leaves**)。驚いたウエイターが後ろから呼び止める。「なぜそんなことをする!」 するとパンダは『野生動物ミニ百科』を肩越しに投げてよこします。「おれはパンダだ。引いてみな」 引くとたしかに書いてある。

Panda. Large black-and-white bear-like mammal, native to China. Eats, shoots and leaves.

余計なコンマひとつのために、本当は名詞だった shoots and leaves（若枝や葉）が、eats と並列の動詞に化けてしまったのですね。

Lynne Truss という人が、このジョークをタイトルにした *Eats, Shoots & Leaves* という句読法についての本を2003年に出しました。信じていただけないかもしれませんが、これがイギリスでベストセラーになった。

もちろん、句読法についてざっとひととおりの知識を得たいのなら、**Michael Swan** の *Practical English Usage* の punctuation のところ（459–65ページ）とか、**R.W. Burchfield** の *The New Fowler's Modern English Usage* の colon, comma, semicolon などの項とか、*The Oxford Dictionary of English* の巻末付録 'Guide to Good English' の第5節 'Punctuation' とかを読むのが早い。

でも、**Lynne Truss** は語り口も愉快だし、具体例が豊富で多様で面白い。英語教師が授業で使いたくなる例がたくさんある。たとえば、こんなのはいかがでしょう。

Charles the First walked and talked half an hour after his head was cut off.

チャールズ1世（1600–49）はピューリタン革命で処刑されたイ

ングランドの国王です。しかし、斬首されて30分経っても平気で歩いたり喋ったりしていたというのだから物凄い生命力である。などと感心していてはいけません。句読点を打つことにより、上の文を常識で理解できる文にせよ、という問題です。

　ヒント──セミコロンを1つどこかに置くと、あっさり解決します。

※

　あ、そういえば、コロンとセミコロンの話をしていませんでした。次項はその話から始めましょう。

punctuation　句読法（Ⅱ）

　コロンとセミコロンの違いがすっきりわかったのは *The Pocket Oxford Dictionary*（Seventh edition, 1984）の **APPENDIX VII 'Punctuation Marks'** を読んだときでした。全体でも3ページという簡潔な解説ですが、セミコロンについての記述にいたっては小見出しと例文を含めてわずかに4行です。

2. Semicolon (;)
This separates two or more clauses which are of more or less equal importance and are linked as a pair or series, e.g. *To err is human; to forgive, divine.*

　これを読むまでは「セミコロンはコンマより強い区切りで、ピリオドよりは弱い区切り」という程度にしか理解していませんでした。
　肝心なことは、「過つは人の常、許すは神の業」（→「省略」の項参照）の例でよくわかるように、セミコロンの前後でバランスがとれているということです。
　典型的にはセミコロンを挟んで同次元の2つの節が並列される。そして2つを並列するについては、「過つは……」の場合もそうであるように、対比・対照という効果が意図されていることも多い。
　つぎに見ていただくのはイギリスの俳優で作家の **Simon Robson** の短篇集 *The Separate Heart*（2007）の **title piece** の冒頭です。

They made a striking, but pleasing, contrast, the two women seated at the kitchen table. The younger was dark, with short, bobbed hair; the other taller, with long hair that had once been golden but was now streaked with grey.

　3行目のセミコロンのあと、**the other taller** のところ、**the other was taller** の **was** が省略されている。その点も「過つは……」と同じです。
　こんどは同じ短篇集中の **'The Fat Girl'** から。子ども時代、土曜になると一緒に魚釣りをした友人のことを語り手は思い出し、友人

と自分の家庭をこう対比します。

> **He lived on a council estate and his father hit him; I lived in a big house. No one even hit the dog.**

友人の住んでいた **a council estate** というのは公営住宅団地のこと。最後の **dog** が定冠詞をかぶっているのは、この語が既出だからではなく、語り手の家で飼っていた犬のことだからです（→「冠詞」の項参照）。

※

*POD*の説明にあったように、セミコロンが並列する節が2つより多いこともあります。「倒置（Ⅱ）」で見たラスキンの言葉は3つのセミコロンで4つの節を結んでいた。

つぎの例は、アイルランドの作家ウィリアム・トレヴァーの短篇集 *After Rain*（1996）に入っている **'The Potato Dealer'** の出だしです。どんな状況か、おわかりになりますか。**Mulreavy** は人の名、表題の「ジャガイモ商人」です。

> **Mulreavy would marry her if they paid him, Ellie's uncle said: she couldn't bring a fatherless child into the world. <u>He didn't care what was done nowadays; he didn't care what the fashion was; he wouldn't tolerate the talk there'd be.</u>**

エリーはシングルマザーになると言ったのですね。それを伯父さんは許さない。「ジャガイモ商人」に金をやってエリーと結婚してもらうという案を出しています。姪が父なし子を産むことを許すわけにはいきません。

2つのセミコロンで3つの節をつないだ下線部、畳みかけるような伯父の言葉が聞こえてきます。直接話法で訳してみます。「近頃じゃこうするものだ、なんて糞くらえだ。こうするのが今風だ、なんて糞くらえなんだ。立つに決まっている噂が我慢ならん」

19世紀の小説などでは、もっともっと長い節をいくつもいくつもセミコロンでつないでいくということが行われました。しかし、

それは現在ではふつう行われません。節が長いときにはピリオドで切ってしまう。

※

逆にセミコロンでつなぐ節が短いとき、ことに節の数が2つのときは、コンマで代用してしまう傾向も強い。

(1) Mina has the brains, I have the brawn.
マイナは知力、わたしは体力。

第Ⅱ部で読む 'Our Nicky's Heart' の第4回原文 15–16 行目もその例です。

Michael and Eddy stuck to Dad and the farm, I went to veterinary college.

「省略」の項で引いたジュリアン・バーンズの短篇からの1文は3つの節を2つのコンマでつないでいた。

Women judged the noises he made embarrassing, children found them a source of amusement, men a proof of imbecility.

このように複数の節をコンマだけで結ぶこと（**comma splice**）は伝統的には「誤用」ですから、使うときには覚悟が必要です。**Comma splice** は避けたいけれど、かといってセミコロンでは重厚すぎるという場合には、平凡ですが等位接続詞 **and** を使えばよい。

Mina has the brains, and I have the brawn.

でも、**and** を入れると、文がぼやけますね。「対照」が際立たなくなる。

※

「過つは……」の文でも、手もとの英和辞典はいずれもセミコロンを使っていません。たとえば研究社の『リーダーズ英和辞典』の

err の項を見ると、こうです。

To err is human, to forgive, divine.

これはちょっと気になるという人もいるでしょう。セミコロンの代わりに使ったコンマと、is を省略したしるしのコンマと、コンマが2つになってしまうからです。一瞬、2つのコンマが呼応して括弧をつくっているようにも見える。

同辞典でも human の項では2つ目のコンマをとっています。

To err is human, to forgive divine.

いっそこのほうが見やすいとぼくは思います。

ちなみに、おおもとであるポウプの *An Essay on Criticism*（1711）の初版を復刻した本を見ますと、第525行はこうなっています。

To Err is Humane; to Forgive, Divine.

現在の human という語の綴りは humayn(e), humain, humane と変遷しました。そして humane がいまの human に切り替わっていくのが18世紀の前半だった。そして humane は「人の道にかなった」という限られた意味で使われる語として残ったわけです。

❀

*POD*第7版（と第8版）に付せられた句読法解説の源は 'Hart's Rules' とよばれるオックスフォード大学出版局内の stylebook です。同出版局の 'Controller' という地位にあった Horace Hart が1893年に示したのがそもそもの始まり。以後1世紀以上にわたって改訂されつづけ、現行版は *New Hart's Rules: The Handbook of Style for Writers and Editors*（2005）ということになります。

❀

さて、*POD*の説明は簡明で結構なのですが、セミコロンにはほかにこんな用法もあります。

文法+α I

Between 1815 and 1850 Americans constructed elaborate networks of roads, canals, and early railroad lines; opened up wide areas of newly acquired land for settlement and trade; and began to industrialize manufacturing.

ここでは、2つのセミコロンが3つの動詞句を並列につないでいる。つまり、セミコロンがつなぐのは節でなくても構わない。ただ、名詞句や動詞句などが短いときはコンマでつなげばすんでしまう。上のように項目1つ1つが長くなり、ことに項目内部にコンマが打たれるような場合にセミコロンの出番となるわけです。

上の例は *Garner's Modern American Usage*（2003）からの孫引きですが、出典は Eric Foner 編の *The New American History* です。

※※※

セミコロンは等位接続詞 and に近い役割を果たし、前後が同じ重さになるのにたいして、コロンの場合は前後で重さというか、質というか、次元というかが違ってきます。コロンの後ろは何らかの意味で先行部分についての説明になっている。コロンがきたら、「すなわち」という気持ちで先を読めばよい。*LDOCE* は「コロンのあとには説明、例、引用などがくる」と説明しています。

'Our Nicky's Heart' の出だしはこうでした。

Frank Randall had three sons: Michael, Eddy and Mark.

コロンを「すなわち」という感じで打って、具体的に3人の名前を挙げたわけです。

同じく 'Our Nicky's Heart' の第4回13–14行目。

I was the odd one out in my own way: Mark, the 'clever one',
...

（兄弟のなかで弟のニッキーも変わり種だったけれど）わたしはわたしで（**in my own way**）変わり種だったと述べ、そこでコロンを打ち、「すなわち」自分は「頭のいい奴」と見られていた、と具体

的に説明する。

　引用の前に置くコロンの例として、ジェイムズ・ジョイスの『ダブリンの市民』（1914）中の一篇「対応」の冒頭を引きます。

> **The bell rang furiously and, when Miss Parker went to the tube, a furious voice called out in a piercing North of Ireland accent:**
> 　**—Send Farrington here!**
> **Miss Parker returned to her machine, saying to a man who was writing at a desk:**
> 　**—Mr Alleyne wants you upstairs.**

　場所は法律事務所、**the tube** は「伝声管」、**her machine** はタイプライターです。上司が怒っているようですね。

　　　　　　　　　　　✤

　締めくくりに、ふたたび *Eats, Shoots & Leaves* から面白い例を借ります。つぎの２文をご覧ください。

> **Tom locked himself in the shed.　England lost to Argentina.**

　さて、第１文のピリオドをセミコロンにした場合、またコロンにした場合、意味はどう変わってくるでしょう。

　まず、ピリオドがピリオドのまま、つまり２文の状態のときから始めます。２文のつながりはよくわかりません。まったく関係ない２文を並べただけのようにも見える。でも、並べてあるのだから、何か関係があるのだろうと読まされた人は考える。しかし２文の間があまりにも広く、当惑するばかり。「トムが物置に閉じこもった」と「イングランドがアルゼンチンに敗れた」がこの順で書いてあるのだから、２つの出来事がこの順で起きたのだろうという推定が働く程度です。

　こんどはセミコロンにしてみます。

> **Tom locked himself in the shed; England lost to Argentina.**

文法+α | I

　このセミコロンは２つの出来事の間に何らかの関係があることを宣言しています。そしてセミコロンは前後を並列につなぐのでした。あの日はろくな日じゃなかったなあ、「トムは物置に閉じこもるわ、イングランドはアルゼンチンに負けるわ」とか。２つの出来事の時間的順序はピリオドだったときと同じ。トムはアルゼンチン戦を見せてもらえなかったのかもしれません。それですねて物置に入っちゃった。それとも秘密のラジオが物置に隠してあって、実況中継を聞くために物置に閉じこもったのかもしれない。

　最後にコロンにしてみましょう。

Tom locked himself in the shed: England lost to Argentina.

　コロンの後ろは先行部分の説明。「トムったら物置に閉じこもっちゃったんだ。イングランドがアルゼンチンに負けたものだから」という感じです。コロンの後ろの節に書かれていることのほうが、前の節に書かれていることよりも先に起こったことになる。

　というわけで、ちゃんと使えばコロンとセミコロンはすごく役に立ってくれる頼もしいやつらなんです。前項で見たコンマもそう。使いかたを間違えたり、ちゃんと使ってあるのを読み違えたりしては、句読点がかわいそうです。

relative　関係詞（Ⅰ）

　いろはにコンペイトー、コンペイトーは甘い、甘いは砂糖、砂糖は白い、白いはウサギ……という尻取り唄があります。子どものころ塀の上で飽かず繰り返したものですが、オヤジになったいまは **punchline** の「……電気は光る、光るは○○○の○○○○○！」が頭にくる。

　もちろん、尻取りによって文と文をつないでいくことは英語でもできます。ちょっとやってみましょうか。

　Sweet is sugar, sugar is white, white is a rabbit, . . . でも英語の場合、取られる「尻」が名詞であれば、関係代名詞を使ってつなぐこともできる。

> **Sweetness reminds us of sugar, which reminds us of whiteness, which reminds us of a rabbit, . . .**

　関係代名詞は「関係づける代名詞」ですから接続詞と代名詞を兼任します。つぎの文でご確認ください。

> **Sweetness reminds us of sugar, and it reminds us of whiteness, and it reminds us of a rabbit, . . .**

※

　さて、イギリスの伝承童謡に **This is the house that Jack built.** と始まる唄があります。じつにつまらない1文ですが、第2文の **This is the malt that lay in the house that Jack built.** でオヤと思わせ、第3文の **This is the rat that ate the malt that lay in the house that Jack built.** にいたって目論見が明らかになります。これをえんえんとつづけ、わたしの知っているヴァージョンでは最終文は12個の関係代名詞を含みます。関係代名詞はすべて **that** で11個が主格。目的格は文の最後にくる **that Jack built** のみ。とにかく名詞（**rat, malt, house**）を最後のほうにもってきて、それを形容する関係代名詞節をひっかけていく。

いま、「最後のほうに」とはっきりしない言いかたをしました。それは唄の途中にこんな箇所もあるからです。

. . . that milked the cow with the crumpled horn <u>that tossed the dog</u> that . . .

さあ、下線を施した関係代名詞節が修飾する先行詞は何でしょう。やや紛らわしいかもしれませんが、犬を放りあげたのは牛ですね。角は犬にささることはできても、その犬を放りあげることはできません。このように先行詞がすこし離れていることはままあります。

上の nursery rhyme では that 一本槍でしたが、関係代名詞には which と who もあります。この which と who を使い分ければモノとヒトの区別がはっきりします。3人称の代名詞が複数は they しかないのとは大違い。モノもヒトも指す they が紛らわしくなりやすいのにたいして、which/who は先行詞の候補を絞り込んでくれるので助かります。この絞り込みはとくに先行詞が関係代名詞から離れているときに有り難い。

たとえば people with health problems which . . . ときたら which の先行詞が health problems であることは先を読まなくてもわかります。また people with health problems who ... ときたら who の先行詞は people に決まっている。また people with dogs which . . . とくれば which の先行詞は dogs だし、people with dogs who . . . とくれば who の先行詞は people ……かな？

この who は曖昧です。いったい people を指すのか、それとも dogs を指すのか、どちらともいえない。動物はモノ扱いで it のはずですが、擬人化されることも多いからです。飼い犬や飼い猫などは人間みたいな名前がついて人間並みになり、それを指す人称代名詞は he/she となり、関係代名詞は who となります。ですから、上の場合、関係代名詞 who がどちらを指すのかは、先を読んで意味から判断するしかありません。インターネットで見つけた例を2つご覧いただきましょう。

(イ) . . . there are too many young people with dogs who don't know how to control them.

(ロ) . . . most dog owners are responsible people with dogs who are an integral part of the family.

(イ)の who はすこし離れた young people を指し、(ロ)の who は直前の dogs を指します。

※

関係代名詞の which を使うか who を使うかで揺らぎが生じるもう1つの場合は audience, committee, crew, family, government, staff, team などの集合名詞です。これらの名詞の単数形が主語となるとき、アメリカ英語では動詞は単数で受けることが多いけれども、イギリス英語では複数で受けることも多い。そして複数で受けるときには関係代名詞は who が、単数で受けるときには which が好まれる。例文を Michael Swan の *Practical English Usage* の第3版から拝借します。同書の第526項 'singular and plural (4)' です(519ページ)。

The committee, **who are** hoping to announce important changes, . . .

The committee, **which** is elected at the annual meeting, . . .

※

ここで先ほどのナーサリーライムに戻ります。第1文の This is the house that Jack built. です。これと This is a house that Jack built. との違いを考えたい。関係代名詞の先行詞がかぶる冠詞の問題です。

まず、いちばんわかりやすい場合を考えることから始めましょう。ジャックが建てた家が世界に1軒しかなかったら、the house that Jack built となる。関係代名詞節 that Jack built によって1軒の家が特定されるからです。それにたいして、ジャックの建て

た家が世界に2軒以上あったら、そのうちのどの1軒も **a house that Jack built** です。つまり、「ジャックが建てた」という条件を課すことにより、世界にある無数の家のなかからほんの数軒、数十軒、数百軒にまで限定することはできますが、1軒には特定できないからです。言い換えれば、**one of the houses that Jack built** です。

　もう1組、類例を挙げます。まずネット上で見つけてきた先行詞が定冠詞をかぶっている例をご覧ください。

the look which he gave me when I said this

　いつだれがした「目つき」なのか、関係代名詞節が特定している。ですから定冠詞ですね。つぎはアイルランドの作家 Colm Tóibín の短篇集 *Mothers and Sons*（2007）中の 'A Summer Job' からの1文です。フランシスは息子のジョンを自分の母の家まで車で送ってきて、自分だけまた車で帰るところ。

Frances loved John for not giving his grandmother the slightest hint of his unwillingness to stay with her all summer, but as she waved at him before she drove away, he gave her <u>a look which suggested that he would not forgive her for a long time</u>.

　長く根に持ちそうな目つきをしたわけですね、ジョンは。でも、そういう「目つき」は残念ながら世の中にたくさん存在する。だから不定冠詞です。

　下線部とほぼ同じことは、<u>**the kind of look that suggested that he would not forgive her for a long time**</u> のように言うことができます。目つきの「種類」は特定されているからです。

　関係副詞節についても同じことが言えます。いずれもネット上で見つけた2つの例をご覧ください。最初はアメリカの詩人 Richard Tillinghast がアイルランドのノーベル文学賞受賞詩人シェイマス・ヒーニーに贈った賛辞です。*New York Times Book Review*（1996年7月21日）に載った書評中の言葉であるとのこと。

Anyone who reads poetry has reason to rejoice at living in <u>the age when Seamus Heaney is writing</u>.

つぎに、同じく関係副詞節で修飾される **age** が不定冠詞をかぶっている例です。

In <u>an age when poetry is neglected</u>, a citizen's verse has attracted thousands of viewers and respondents in only a few hours.

「ヒーニーが詩を書いている時代」はヒーニーが生まれる前にはなかったし、死んだあとにもない。いっぽう、「詩がないがしろにされている時代」は過去にもあったかもしれないし、未来にもあるかもしれない。

※

さて、原則は上で確認したとおりです。関係詞節で特定される名詞は **the** をかぶり、限定はされても特定はされない単数の名詞は **a** をかぶる（→「冠詞」の項参照）。

つぎに、この「特定」の性質について考えてみたいと思います。もちろん、客観的に見て特定されていれば何の文句もありません。でも、話者の主観においてのみ特定されている場合にも定冠詞が使われるようです。

たとえば *LDOCE* にこんな例文があります。

(1) Did you see the letter which came today?

「今日来た手紙、見た？」ですが、上の原則に従えば **the letter which came today** と定冠詞をかぶっていますから、この日は話者の家に手紙は1通しか来なかったことになる。もちろん、そういう場合だってありますが、この文はそうでなくても使います。この日に届いた手紙は複数あっても、発話の時点で話者が頭に思い描いているのがある特定の1通だからです。逆に、こんな文をつくってみると、ちょっと不思議です。

文法+α Ⅰ

Did you see a letter which came today?

これは今日届いた複数の手紙のうち、どれか1通を見たか、という問いになる。どの1通でも構わない。まあ、こういうことは訊きませんね。まず使わない文です。

つぎは Cressida Connolly の短篇 'Canada' から。自動車の中での夫婦の会話です。

'What's the name of that writer, you know, (イ)<u>the American crime writer who died</u>?' asked Chris, as they reached the main road.
'Which one?' asked Sarah.
'(ロ)<u>The hard-boiled one</u>. Died recently.'
'I can't think of (ハ)<u>one who's died lately</u>. Not Raymond Chandler?'
'No.'

下線部 (イ) は「犯罪小説作家」に「アメリカの」「もう死んだ」という2つの条件をかけて絞り込んでいる。しかし、これではだれのことを言っているのか特定できない。引用箇所から数行先で、クリスはさらに「その人の作品の1つが映画化された」という条件を加えますが、妻のセアラに **That could be anybody.**（それはだれである可能性だってある→そんな人いくらでもいるじゃない）と言われてしまいます。なのに、下線部 (イ) で **American crime writer** が定冠詞をかぶっているのは、クリスの頭のなかでは「あの作家」(**that writer**) だからです。名前こそ思い出せないけれど特定されている。だから、セアラから「レイモンド・チャンドラーじゃないの？」と言われると即座に **No** と答えられる。

同じ定冠詞をかぶっていても、**the novelist who wrote *The Long Goodbye*** のように客観的に特定されている場合とは違うことがわかります。

下線部 (ロ) でもクリスは定冠詞を使っています。ハードボイルドの作家はいくらでもいますが、いまクリスの頭にあるハードボイルド作家は1人だからです。

それにたいして、セアラにはだれのことやらちっともわかりません。ですから下線部 (1) のように one [=a writer] who ... となる。定冠詞をかぶせて the one who ... となっていないことにご注意ください。

※

こんな状況を想像してみてもよいでしょう。ある町に有名な建築家、たとえば Frank Lloyd Wright が設計した家がある。世界中に Wright の設計した家はたくさんあるが、この町にはこの1軒で、町の自慢である。観光にやって来る人も、この町にライトの設計した家があることをふつうは知っている。そして、観光ガイドがその家の前で観光客にむかって説明を始める。そのとき、ガイドはこう言うのが自然です。

This is the house Frank Lloyd Wright designed.

ガイドの頭のなかでも、観光客の頭のなかでも、「この町にあるライト設計の家」が特定されているからです。

考えてみれば、後ろから何の限定の文句がかかるわけでもないのに定冠詞をかぶった名詞を使うことがある。

This is the house.

これは「これがその家なんだ」「この家なんだよ」ということで、後ろに何か省略されていると考えればいいわけです。「この家なんだよ（このまえ話したのは）」「この家なんだよ（お前が子どものころ住んでいたのは）」というように。

イギリスの2人組のミュージシャン Eurythmics に 'This is the House' という曲があります。

This is the house, this is the hill ...

と始まって、曲の進行につれ、語り手にとって特別な家であるこの家が、いまは廃屋になっていること、またそこで暮らしていたころの幸せな生活がいまは失われているらしいことがわかってくる。

じつに悲しい lyrics です。でも、速いテンポのエレクトロニックな音は情緒纏綿の対極にある。

※

　関係詞の話なのか、冠詞の話なのか、最後はわからなくなりました。でも、限定的な関係詞節が修飾する名詞は定冠詞をかぶるに決まっていると思い込んでいた高校生のころから現在に至るまで、関係詞と聞いてわたしの頭に真っ先に浮かぶのは「限定」と「特定」、「客観的特定」と「主観的特定」の問題なのです。

relative　関係詞（Ⅱ）

　ここでは第Ⅱ部の 'Our Nicky's Heart' に見られる関係詞の用法のいくつかを確かめていきます。まずは若かりし日のわたしが大の苦手としていた「前置詞＋関係代名詞」から。第8回原文15–16行目をご覧ください。

　. . . the daze of sheer shock and amazement <u>in which</u> everything occurred, . . .

　まず、この which の先行詞が直前の amazement ではなくて the daze だということ、よろしいでしょうか。この daze がかぶっている定冠詞が、つづく of 以下の前置詞句や in which 以下の関係代名詞節をいわば「予告」しているということは「冠詞」の項でお話ししました。
　先行詞が the daze だとわかったら、それを which に代入し、前置詞 in から読む。

　. . . the daze of sheer shock and amazement / <u>in the daze</u> everything occurred, . . .

　つまり、「前置詞＋関係代名詞」がそこにあるということは、たいていの場合、関係代名詞節の頭に副詞的な前置詞句があることを意味するわけです。

　※

つぎは 'Our Nicky's Heart' の第12回19–22行目。

After the procedure is over I might be seen off with the same householderly mannerliness <u>with which</u> the man who's fixed the washing machine is shown on his way.

　こんどの which は直前の householderly mannerliness（一家の主人に相応しい丁重さ）を指しますから、これを which に代入し、あとは前置詞の with から読むだけ。

I might be seen off with the same householderly mannerliness / with householderly mannerliness the man who's fixed the washing machine is shown on his way.

　　　　　　　　　※

つぎは「前置詞＋関係代名詞」が関係代名詞節中で形容詞的に働く場合を見ましょう。Randolph Quirk 他著の *A Comprehensive Grammar of the English Language*（1985）の第17章第14節から例文 (イ) (ロ) (ハ) を拝借します。

(イ)　The investigation of which the results will soon be published ...

ここの which は the investigation を指しますから、それを which に代入し、前置詞 of から読む。

The investigation / of the investigation the results will soon be published ...

この of the investigation は「その調査について」と副詞的に読めなくもありませんが、名詞句 the results を修飾する形容詞的な前置詞句が変則的に名詞句の前に出たと考えましょう。

上の例文の of which と the results を入れ替えて、こうも書けます。というか、こっちのほうがふつう。

(ロ)　The investigation the results of which will soon be published ...

このように「前置詞＋関係代名詞」が形容詞的に働き、前にある名詞句を修飾している場合は、どう読めばいいでしょう。そうですね、関係代名詞に先行詞を代入したうえで、修飾される名詞句（the results）から読む。

The investigation / the results of the investigation will soon be published ...

この構文は the results of which[=the investigation] とつながる点で (イ) より自然です。でも the investigation と the results という 2 つの名詞句が並んでしまい、関係代名詞節の起点が見えづらくなるという難点がある。

　おそらくいちばんわかりやすいのは、(イ) の of which の代わりに whose を使い、results がかぶっていた定冠詞をはずしてやることでしょう。

(ハ)　The investigation whose results will soon be published ...

ただし、先行詞がヒトでないのに whose を使うことが気になるといえば気になる。

　Quirk たちは (イ) よりも (ロ) (ハ) のほうがふつうの言いかたであると記しています。

　　　　　　　　　　※

　上の (イ) (ロ) では、形容詞的な「前置詞＋関係代名詞」が修飾する名詞句が関係代名詞節中の主語でした。こんどはそれが関係代名詞節中の目的語となる例。

(ニ)　They are questions to which the answers we really do need to know.
(ホ)　They are questions the answers to which we really do need to know.
(ヘ)　They are questions whose answers we really do need to know.
(ト)　They are questions to which we really do need to know the answers.
(チ)　They are questions that we really do need to know the answers to.

ご覧いただくと (ニ) (ホ) (ヘ) は (イ) (ロ) (ハ) に対応していることがおわかりになるでしょう。今回は the answers が関係代名詞節中で目的語なので、(ト) (チ) という言いかたもできるわけです。なお、(チ) がネット上で拾ってきた文です。(ニ) 〜 (ト) はそれをもとにわたしが作

りました。

Michael Swan は *Practical English Usage*（**Third edition**）の481ページで類例を挙げ、もっとも一般的なのは (t) と (チ) であると述べています。

※

*LDOCE*からの例文も1つ見ておきましょうか。

(1) This will be a show the like of which has never been seen before.

関係代名詞 **which** が指すのは **a show** ですから、**which** に **the show** を代入する。そして、この **of which** は形容詞的に **the like**（似たようなもの）にかかりますから、その **the like** から読めばよい。

This will be a show / the like <u>of the show</u> has never been seen before.

楽しみですねー。これまでだれも見たことのないようなショーになるのだそうです。

※

同じ「（代）名詞＋前置詞＋関係代名詞」でも、非限定用法の場合はわかりやすい。ここまでスラッシュを入れてきた箇所に最初からコンマが置かれているのですから。

(2) Thompson had two strategies, neither <u>of which</u> seems to have worked very well.

しつこく確認しますと、関係代名詞は「接続詞＋代名詞」でした。ここは ... **two strategies, <u>but</u> neither <u>of them</u> seems to** ... という感じでしょうか、**and** ではなくて。

(3) There were hundreds of protesters, not a few <u>of whom</u> were women.

何百という人が抗議に集まり、そのうちのかなりの部分が女性でした。

❦

　「前置詞＋関係代名詞＋to不定詞」も若いころ大嫌いでした。'Our Nicky's Heart' の第16回16–17行目です。

The biggest lie of my life. But it gave my mother something with which to close, almost completely, that gap.

　すこしすっきりさせて観察しましょう。同じことをほかの言いかたでも書いてみますね。

(イ)　something　with　which　　　　to close that gap
(ロ)　something　　　　　　　　　　to close that gap with
(ハ)　something　　　　　　which she is to close that gap with
(ニ)　something　with　which she is to close that gap

　まず (ロ) は to 不定詞の形容詞的用法で、これがいちばん肩肘張らないふつうの言いかた。(ハ) と (ニ) は説明のために be ＋ to 不定詞を使って作ってみた関係代名詞節。その (ニ) の関係代名詞節から、わかりきった主語 she と be 動詞を一緒に抜けば (イ) となります。つまり、「省略」の項でお話しした「SB抜き」の1種と考えることが可能です。
　LDOCE から1例を引いておきます。

(4) Customers signing new life policies will have a cooling-off period of 14 days in which to cancel.

　ここの **policies** は「保険証券」、**life policies** で「生命保険証券」です。「クーリングオフ」はいまでは日本語。

❦

　以上で「前置詞＋関係代名詞」は克服しましたから、こんどは 'Our Nicky's Heart' の第13回23–24行目をご覧ください。どこに

文法+α I

何が省略されていますか？

A phone call they had been given to understand could come at any time . . .

そう、主格の関係代名詞が call のあとに省略されています。それを補い、挿入語句を括弧でくくってみます。

A phone call that (they had been given to understand) could come at any time . . .

え？ それより括弧のなかのほうがわかりづらい？ この give の用法は『リーダーズ英和辞典』であれば give の第13義、*LDOCE* であれば give の第38義です。

その点、同じ第13回25–27行目は簡単ですね。

. . . a phone call they knew would allow them only seconds to agree and prepare.

これもわかりやすく書き直しておきましょうか。

. . . a phone call that (they knew) would allow them only seconds to agree and prepare.

挿入語句があるため、本当は主格の関係代名詞なのに目的格のように感じられて、だから省略したくなる。

つぎは 'Our Nicky's Heart' の第7回16–18行目。こんどは何の省略でしょう。

. . . and I saw Michael and Eddy shoot me looks I'd never seen them shoot me before but that I realized they must have been giving me all my life behind my back.

そうです。1行目の looks のあとに目的格の関係代名詞が省略されています。ですから、2行目にある等位接続詞 but は2つの関係代名詞節を結んでいる。省略されているほうの関係代名詞は2行目の shoot の直接目的語ですし、but のあとの関係代名詞 that は must have been giving の直接目的語です。

107

残りの紙幅で **what** に代表される複合関係詞について考えます。まずは 'Our Nicky's Heart' の第5回2–4行目をご覧ください。**You** は総称用法の you です。

> **Vets will always seem like thwarted doctors. It's not true of course, and anyway it's different when animals were <u>what you grew up with</u>.**

下線部は「子どものころに慣れ親しんだもの」という意味で、よく使います。ネット上でこんな文を拾いました。

> **Sometimes the best food is <u>what you grew up with</u>.**

食べ付けないものは美味しいと思えないことがある、ということ。ほかの動物に比べれば新し物好きの人間も、生活の基本が保守であることに変わりはありません。それからこんな文もありました。

> **You are <u>what you grew up with</u>.**

子ども時代に親しんだものが、その人を規定している。その後の考えかたや好みを決定する、ということ。これで思い出す諺があります。

> **You are <u>what you eat</u>.**

人の体は「その人がふだん食べているもの」である。食べ物次第で健康にもなれば不健康にもなる。

2010 年 5 月 20 日、**guardian.co.uk** に 'Craig Venter creates synthetic life form' という記事が出ました。その見出しにつづくリードの部分を引きます。

> **Craig Venter and his team have built the genome of a bacterium from scratch and incorporated it into a cell to make <u>what they call the world's first synthetic life form</u>.**

文法+α I

　下線部「世界初の人工生命体と彼らがよぶもの」に注目。つまり、人によってはこれを「世界初の人工生命体」とよばないだろう、ということですね。このように what はものを正確に、慎重に、言いたいときに役に立つ。この例のように、言葉や見解が自分のものでないことを明確にして、文責を免れたいときにも役に立つ。

　つぎは Robert McCrum 他著の *The Story of English* から。文頭の inverted snobbery（逆立ちした上流崇拝）は「下流志向」といったところです。

Inverted snobbery makes a middle-class British rock star like Mick Jagger adopt <u>what he thinks is a "Cockney" accent</u>.

「下流志向」が働いて、中産階級出身のミック・ジャガーがロンドン下町のコクニー訛りを使ったりする。しかし、真似は所詮真似でしかなく、本物のコクニー訛りにはなっていない、ということが下線部「これがコクニー訛りだと彼が思っているもの」からわかるわけです。

　節には動詞があり、動詞は時制を表現しますから、what 節と主節で時制を変えることもできる。

<u>What used to be right</u> is wrong.

　時が移れば正邪の物差しも変わります。これはよく使う言い回しらしく、**Earth, Wind & Fire** の 1979 年の曲 'After the Love Has Gone' にも出てきます。

＊＊＊

　'Our Nicky's Heart' の第 10 回 5-7 行目には複合関係形容詞が出てきます。

If word had to be given and given quickly, it could only be given under the pressure of <u>whatever imaginings were right then rushing through her head</u>.

　下線部は any imaginings that were right then rushing through

her head と書き換えることができます。

　複合関係代名詞の例文としてぼくが愛用しているのは「ケセラセラ」という古い曲の歌詞。歌詞の全部が好きですが、ここではリフレーンの部分だけ引きます。

> <u>Que sera, sera</u>.
> <u>Whatever</u> will be, will be.
> The future's not ours to see.
> Que sera, sera.
> <u>What</u> will be, will be.

　下線部のあとのコンマは読みやすくするために打たれているだけ。打たなくたって構わない。「<u>起こることは起こる</u>」とは、つまり「なるようになるさ」です。

※

　古い英語では who も複合関係代名詞として、つまり現在の whoever のように使いました。『オセロー』の第3幕第3場、奸臣イアーゴーの台詞をご覧ください。

> <u>Who</u> steals my purse, steals trash; . . .

　わたしの財布は空っぽだ、ということではありません。名誉を盗まれるのに比べれば、物を盗まれるのなんか何でもないなどと、殊勝なことを言っているくだり。
　つぎはバイロン。『ドン・ジュアン』(1819–24) の第4曲第12連から。

> '<u>Whom</u> the gods love die young' was said of yore

　「と昔言った人がいて」(was said of yore) とありますが、この「<u>神々の愛する者は若くして死ぬ</u>」は古代ギリシアの喜劇作家メナンドロスの文句だそうです。これを聞くたび頭に浮かぶのが「憎まれっ子世に憚る」だったのですが、柳沼重剛編の『ギリシア・ローマ名言集』を読んでいましたら、メナンドロスのこの言葉もどうや

ら世に憚る老人にたいする揶揄であったらしい。
　なお、上記日本語訳も柳沼重剛氏のものです。

subjective complement　主格補語

　補語というと、文部省唱歌「月」を思い出します。出た、出た、月が、まあるい、まあるい、まんまるい、盆のような月が、というあれです。今を去ること三十有余年、高校生のときに読んだ参考書が The moon came up big and round. という例文を使い、補語について懇切丁寧に説明していたからです。

　この例文、「月」の歌と似ていませんか。まず「月が出た」といい、あとからその月が「大きくて丸かった」と付け加える。The moon came up and it was big and round. という長い文を圧縮した感じ。

　もとの短いほうの文は The moon が主語、came up が動詞、big and round が補語。つまり、5文型（→「前置詞句」の項参照）のうちの第2文型 SVC です。SVC の補語 C は主語 S がどんなものなのか、あるいはどんな状態にあるのかを述べる。これを主格補語とよび、第5文型 SVOC の補語 C である目的格補語と区別する（→「目的格補語」の項参照）。

　まあるい月の説明を読み、いかにも SVC らしい SVC 以外にも、SVC は存在するんだ！　と高校生だったわたしは目から鱗の落ちる思いがしました。いかにも SVC らしい SVC とは、当然に補語を要求する動詞を使った SVC のこと、そして当然に補語を要求する動詞とは、連結動詞（linking verb）として使われたときの be, appear, seem; feel, look, smell, sound, taste; become, come, fall, get, go, grow, turn; keep, remain, stay などです。

　例文をいくつか見てください。下線部が主格補語です。

(1) The screw has come loose.
(2) The whole story sounded very odd.
(3) She kept silent, forcing Buchanan to continue.
(4) The crowd fell silent when the President appeared.

　このへんは問題ないでしょう。なお、(4) の when 節中の appeared は連結動詞として使われているのではない、ということもよろしいでしょうね。

文法+α I

🎀

こんどは「らしくない」ほうの SVC を見ていきます。そのなかでは比較的有名なものから始めましょう。

(5) She married <u>young</u>.
(6) She died <u>young</u>, at the age of 27.

これは When she married/died, she was young. ということですね。

(7) It is a myth that all men are born <u>equal</u>.

現実は厳しい。人間はさまざまなプラスやマイナスを背負って生まれてくる。ですから **be born** のあとには **rich/poor** とか **lucky/unlucky** とか、さまざまな補語がきます。

(8) My grandparents grew up <u>dirt poor</u>.

極貧の子ども時代を送った、ということ。貧乏になった、ということではありません（grew up の up がなければそういう意味になりますが）。なお、**dirt poor** は決まった言いかたで very poor の意。

さらに例文をもうすこし。

(9) A boy escaped <u>unhurt</u> when the fire in his room exploded.

逃げたときの状態が **unhurt** だったというのですから、怪我をすることなく逃げおおせたわけです。この **unhurt** の代わりに **unscathed** を入れてもいいですね。これらに限らず、**un**＋過去分詞はよく補語になる。

🎀

さて、以下に3つ、'**go un**＋過去分詞' の例を挙げます。これは「(好ましくない状態の) ままである」という感じの **go** ですから、当然に補語を要求する動詞です。「らしくない」SVC ではありません。でも、非常によく出てくる組み合わせですから、見ておきたい。

(10) His efforts have not gone underwarded.

骨折り損のくたびれもうけ、には終わらなかった、ということ。

(11) An attack like that cannot go unpunished.

テロ行為でもあったのでしょうか。あんな暴力が罰せられずにすまされてはならぬ、と話し手は憤っています。

(12) She couldn't let a statement like that go unchallenged.

何かけしからん発言があったのですね。見逃すわけにはゆかぬ、と彼女も憤っている。動詞の **challenge** は「…に異議を唱える、…を疑問視する」という意味ですから、**go unchallenged** で「看過される」。

さあ、ここからは「らしくない」ほうで最後まで通します。こんどは補語に名詞句がくる例をご覧ください。

(13) She emerged from the divorce a stronger person.

離婚というトンネルをくぐり抜けた彼女の状態について述べているのが **a stronger person** です。辛い経験をした結果、人間として強くなっていたということですね。つぎの例文も補語が名詞句です。

(14) He walked out of the courtroom a free man.

無罪の判決が下りたので、法廷を出ていくときには自由の身になっていた、**a free man** として出ていったということ。ついでですから、似た内容で補語を形容詞にした文も見ておきましょう。

(15) He was found not guilty and walked free from the court.

なお、**(15)** の前半は SVOC の受身で、**not guilty** が目的格補語です。

文法+α　I

※

　第Ⅱ部の 'Our Nicky's Heart' からも主格補語の例を拾っておきましょう。まず第10回原文18行目に例文 **(14)** と似た文があります。

My father walked out of that room a <u>second-in-command</u>, ...

　死んだ Nicky の臓器の提供を承諾しますと医師に答えたのは母だった。いわば母が司令官であり、父は副司令官の地位に甘んじた。そのことを指して、父は部屋を出ていくとき **a second-in-command** となっていた、副司令官として部屋を出ていった、といっています。

　つぎに第13回21–23行目はどうでしょう。

... perhaps in those same early hours in which we sat, <u>sleepless and disbelieving</u>, in the hospital.

　補語の前後にコンマを打つことにより、一睡もできず、いま起きていることが現実だとは信じられずにすわっていた「わたしたち」の姿を浮かび上がらせている。

　第15回2–4行目もご覧ください。

To think that someone, somewhere, was walking around. <u>A whole new person, with a whole new life.</u>

　死んだ息子の心臓をもらった人がどこかで歩き回っていると思うと、その人がどこにいるのか知りたくてたまらなくなる。そんな母親の気持ちを書いた箇所です。下線部はその前にピリオドは打たれているものの、実質的には **someone** の状態を述べた補語であると考えられます。ピリオドさえ取れば、例文**(14)**や、副司令官として部屋を出ていく父の文とそっくりでしょ？

※

　最後にコールリッジの「老水夫行」（1798）の締めくくりの2行

を見ます。ある男が親戚の結婚式にむかう途中、老水夫に呼び止められて「罪と罰」の物語を聞かされる。語り終わった老水夫が立ち去ると、男も結婚式に出ないまま家に帰ります。そして──

A sadder and a wiser man,
He rose the morrow morn.

文頭に押し出されていますが、下線部が主格補語です。一晩眠り、翌朝起きたときの彼が a sadder and a wiser man となっていたというのです。

たいていの辞書では sad の項に sadder and/but wiser という熟語が出ています。そして「苦い経験を経て賢くなった」という意味が与えられている。「老水夫行」の男は人の話を聞いただけなのですが、それが変形されて定着した熟語のほうは、本人が苦労して人間的に成長した場合に使うわけです。この熟語を使った例文もひとつ見ておくことにしましょう。

(16) He came out of the relationship sadder but wiser.

ここの relationship は恋愛関係や同棲生活のこと。すこし前に見た (13) と似た内容です。動詞句も、ここの came out of ... と (13) の emerged from ... はきれいに対応しています。

subjunctive 仮定法（I）

　伊丹十三のエッセイ集『女たちよ！』に「セーター術」という一篇があります。話の枕に内田百閒の牛肉論を置き、いかにも伊丹十三らしいセーター論を開陳する。すなわち、いいセーターは高価でプレインなものに決まっていると断じるのです。そして糾弾するのです。

　　胸に花模様の刺繡のあるセーター、ビーズで模様を縫い取りしたセーター、こうしたものは美学的貧民の着るものであって、したがってそういうセーターを着た女には、私は三メートルの棒の先ででも触りたいと思わない。

　これを読んだのが高校生のとき。通っていたのは男子校でしたし、別世界に感じました。しかし数年後、英語の本を読んでいたわたしは思わず息を呑みました。そこに **wouldn't touch . . . with a ten-foot pole** という文字があったからです。

　10フィートを3メートルと訳す生真面目さ、**with a . . . pole** を「棒の先ででも」と訳す気の配りよう。わたしはそれまで以上に伊丹十三が好きになりました。

　そして本題の仮定法です。例文をご覧ください。

(1) I wouldn't touch him with a bargepole.

　わたしだったら、ああいう男には近づかないね。関わり合いにならないようにするな、ということです。伊丹十三の **a ten-foot pole** の代わりに入った **bargepole** は船頭さんの使う長い棹。**Barge** は川や運河で使う平底の舟のことで、**barge pole** と分けて書くこともあります。

　こんなふうに仮定法は条件節なしでも用いられる。

・ｾ・

　でも、学校で最初に教わる仮定法は **if** 節に代表される条件節を備えていました。やはりそこから始めるのが順序というものでしょう。

(2)　If I were in that position, I'd get legal advice.

わたしだったら弁護士に相談するけれど、という言いかたで相手に忠告しているわけです。もうひとつ見ます。

(3)　If I was ten years younger, I'd go out with him.

仮定法らしいのは if I were ... なのですが、会話などでは if I was ... ですますことも多い。主節の動詞句 go out with ... は「……と付き合う」です。好ましい年下の男性を見て、中年の（異性愛であれば）女性が言う台詞です。もちろん、そんな遠慮をしない人もいます。

たしかに were はやや落ち目ですが、if I were you のように定着した言い回しもある。

(4)　I wouldn't worry about it if I were you.

これは心配性の人への言葉。もちろん、「わたし」が呑気なだけの場合もあります。このように if I were you は人に忠告するときに使う。(2)とよく似ています。

こういう絵に描いたような仮定法を小説から拾ってみます。まず Chris Wilson の *Mischief* から。

'If you knew how long that took to cook, you'd show a little appreciation.'

新聞読みながら食べたりして、おいしいんだか、おいしくないんだかもわからない。つくるのにどれだけ時間かかったか、知らないからそんな失礼な食べかたができるのよ。代名詞 that はテーブルの上の料理。

こんどはアメリカの作家 William Maxwell の *So Long, See You Tomorrow*（1980）から。

He could not have loved Fern more if she had been his own daughter.

文法+α　I

　説明は不要でしょう。**Fern** が女子名であることも、この例文からわかりますね。「羊歯ちゃん」です。
　つぎは条件節で if が省略され、倒置が起きた例です。ジェイン・オースティンの『分別と多感』（1811）の第1巻第16章の出だし。前章でマリアンヌの恋人ウィロビーが急にロンドンへと発ち、帰ってくる予定もない。

> **Marianne would have thought herself very inexcusable had she been able to sleep at all the first night after parting from Willoughby. She would have been ashamed to look her family in the face the next morning, had she not risen from her bed in more need of repose than when she lay down in it.**

　感受性の豊かさを誇るマリアンヌです。こんな晩にぐうすか眠りこけては沽券にかかわる。恋する人が去った時には、夜を徹して泣かなけあなりません。実際、みごと一睡もせずに泣きとおし、朝は頭痛がして、口もきけない、食事も喉をとおらない……パーフェクトです。
　このように条件節完備の仮定法はわかりやすいですね。仮定法だぞー、と旗を振って教えてくれるのですから。第Ⅱ部で読む **'Our Nicky's Heart'** であれば、第5回原文10行目以降、3回繰り返される、**If you'd said to my father . . . , he'd have laughed in your face, . . . / If you'd said to him . . . , he'd have called you more than a fool. / And if you'd said . . . Well, you wouldn't have said that, . . .** などがその例です。

❦

　さて、条件節がない仮定法に話を移します。英和辞典で rose を引くと、この諺が出ていることが多い。

> **A rose by any other name would smell as sweet.**

　『ロミオとジュリエット』のバルコニーシーンでのジュリエットの台詞（**That which we call a rose by any other word would smell** as sweet.) を簡単にしたものです。この諺には条件節はなくて、その代わりを by any other name が務めている。書き直せば、If (it were) called by any other name, a rose would smell as sweet (as it does now). となります。

こんどは*LDOCE*の例文を1つ見てください。無生物主語構文で、その主語が条件節の代わりを務めます。

(5) Not to have taken action would have laid the department open to charges of negligence.

過去のことを述べているので、主語の to 不定詞句も完了形になっています。もしも何の対策も講じていなかったら、怠慢の誹りを免れなかっただろうという意味。If it had not taken action, the department would have faced charges of negligence. と書き直せます。文中の the department はどこかの省庁でしょうか。前後関係がないのでわかりません。

形式主語として代名詞 it をたてることもできます。

(6) It would be wrong to describe society purely in economic terms.

ここでは it が指す to 不定詞句が条件節の代わりを務めています。経済的観点からのみ社会を語るとしたら、それは間違いだ、ということ。

※

このように、たとえ条件節はなくても、仮定される条件が文中のどこかに示されている場合は比較的わかりやすい。つぎは Jonathan Buckley の *So He Takes the Dog* (2006) からです。死んだ妻との生活を振り返り、年老いた男が言います。

'Children would have been good,' he remarks, 'but otherwise life couldn't have been better. . . .'

前半は「子どもができればよかったんでしょうけどね」というこ

と。主語 Children に仮定条件がある。

　では、後半はどうでしょう。「比較」の項でも触れた、否定＋仮定法＋比較級です。最後の better のあとに than that を補って考えればいいですね。直訳すれば「でも、それ以外の点では、人生があれよりもよいということはあり得なかった」となる。要するに「でも、子どものこと以外は最高の人生でした」ということ。

　この後半の場合、隠された仮定条件は何であるのか、類例に教えてもらいましょう。キャサリン・マンスフィールドの短篇集 *The Garden Party and Other Stories*（1922）の表題作の出だしです。

　And after all the weather was ideal. They could not have had a more perfect day for a garden party if they had ordered it.

　おお、素晴らしい。And after all の3語でもって、「ずいぶん気を揉んだけど、蓋を開けてみれば」という感じがぴしゃりと出ている。当日の朝、晴れ渡った空を見上げて喜ぶ一家の人々の顔が目に浮かぶようです。

　でも、いまは仮定法の話でした。第2文をご覧ください。直訳すれば「たとえ特注したとしても、あれ以上にガーデンパーティーにぴったりな日を得られたはずがなかった」となります。

　こういう if 節をいわずにおくこともできるわけです。先ほどの老人の「最高の人生でした」がその例でした。

　短い例文も1つ見ておきましょう。

(7)　The match could not have been more exciting.

　サッカーか何かの試合が最高に盛り上がったのですね。それを「あれ以上盛り上がるなんてあり得なかった」という言いかたで表している。

　ここでもう一度、オースティンの『分別と多感』に戻ります。先ほどと同じ第1巻第16章、その終わりのほうにこんな会話がある。

　　"Have you an agreeable neighbourhood here?　Are the Middletons pleasant people?"

"No, not at all," answered Marianne, "we could not be more unfortunately situated."

　ミドルトン家の人々にはお世話になっているくせに、さすがマリアンヌは遠慮がない。「わたしたちの家がいま以上に不幸な位置に存在することはあり得ません」といいます。要するに「最悪の位置にある」ということです。
　老いた男の「最高の人生でした」発言や(7)やこのマリアンヌの台詞になると、条件節がないばかりか、文中に仮定条件が織り込まれているわけでもありません。

※

　以上見てきたように、仮定法は条件節を伴う場合がいちばんわかりやすい。そして条件節がなくても、何らかの形で文中に仮定条件が織り込まれていれば、これもまあ読みやすい。
　しかし、織り込まれた仮定条件が見えづらいこともあります。さらには、どこにも仮定条件が示されていないことだってある。外国語として英語を勉強している人間としては、このへんがいちばん馴染みにくい。第Ⅱ部の 'Our Nicky's Heart' の第15回17–18行目に出てくる 'It could all backfire.' なんか、そのよい例です。この could は仮定法過去の could であり、「（条件が揃えば）…ということも起こりうる」という現在の可能性を表している。
　しかし、この could が単純に can の過去形である可能性、つまりこの文が過去のことを述べているという可能性は、いったい排除できるのでしょうか。そのへんの事情を考えることから次項を始めたいと思います。

文法+α I

subjunctive 仮定法（Ⅱ）

なぜ、仮定条件の示されない仮定法はわかりづらいのでしょう。

それは英語の場合、仮定法が動詞の形にはっきり表われることのほうが例外だからです。具体的にいうと、前項で「仮定法らしい」と申し上げた were（if I were a bird）と、あとは仮定法現在だけです。仮定法現在の主たる使用場面は未実現の要求・決意・勧告・提案などの内容を示す従属節ですね（He commanded that the princess be guarded day and night.）。もっとも、現在のイギリス英語では . . . that the princess should be guarded . . . と should を入れるのが一般的です。

上記の例外を除くと、英語の仮定法は、形の上では動詞・助動詞の過去形・過去完了形を借りるだけ。ですから、仮定法なのか、そうでないのか、形だけからは判別できなくて当然なのです。

「比較級」の項で he could do better という文が出てきたとき、その could が「過去における能力」を表すのではなく、仮定法過去なのだと書きました。なぜわかるの？　と思われた方も多いでしょう。ご不審はごもっともでして、形だけからはわかりません。文脈から判断するしかない。

例を２つご覧ください。まずは愛の告白から。

(1) 'I couldn't live without you,' he said and Jane's heart leapt.

こういう場面では、仮定法過去を使ってこんなふうに言うものなのです。「君なしでは、ぼく、死んでしまう！」と。ジェーンは天にも昇る心地です。でも、この文、「あなたなしでは生きていけませんでした、ぼく。でもいまでは平気です（but I can now）」という意味にもなりそうなんですけどね。

つぎは食事に招かれて満腹になり、お代わりを断るときの台詞。

(2) 'More cake?' 'No, thanks, I couldn't eat another thing.'

これも仮定法過去。(どんなにがんばっても) もう何も食べられない、というわけです。もっと簡単に、'No, thanks, I couldn't.' だけでもOKです。同じ eat ですから、ついでにこんなのも覚えておきましょう。

(3) I could eat a horse.

(食べようと思えば) 馬一頭でも食べることができる。それくらい腹ペコだ、ということ。昔は大食漢だった、ということではありません。

冠詞にも注意してください。**Horseflesh** を食えるとか食えないとかの話ではありませんよ、**a horse** ですからね。馬一頭です。

これら(1)〜(3)はどれも決まり文句です。仮定法の感じをつかむためには、この種の決まり文句を覚えるのもよい方法です。もうすこし例を挙げましょう。

(4) You could hear a pin drop.
(5) You could cut the atmosphere with a knife.
(6) I couldn't ask for a better boss.
(7) Come over for dinner — I could use the company.
(8) I could do with a hot drink.

まず (4) は、だれも口をきかず、部屋がしーんとしているときに使います。「ピン1本落ちても聞こえるくらい静かだ」です。

ある会議で出席者全員が黙りこみ、ただ静かなだけでなく、いささか気まずい雰囲気になりました。すると出席者の1人だった英語を母語にする同僚がニッと笑い、こんなとき英語ではこういうんだよと教えてくれたのが (5) です。空気がどろんと重くなり、ついには水羊羹、さらには名古屋名産の外郎(ういろう)くらいの密度となって、切ろうと思えばナイフで切れそうだというわけです。そういう状況は苦手ですが、この表現は気に入りました。

(6) は「比較級」の項でも見た「否定＋仮定法＋比較級」ですね。「これ以上の上司は望むことも不可能だ」ですから、「これ以上の上

文法+α I

司はいない」「最高の上司だ」となります。仮定法を使わずに **I can't ask for a better boss.** ということもある。

(7) は、「お客さんにきてもらうのも悪くない気分だ」というような言いかたですが、要するにさびしいから遊びに来てくれといっている。

(8) は (7) にそっくりですね。「何か温かいものを飲んでもいいな」という言いかたですが、要するに温かい飲み物がほしい。

どうですか。だいぶ要領が呑み込めてきたのではないでしょうか。大事なことは、どの文も仮定法過去であるということ、すなわち現在のことをいっている文だということです。もしも「ピン1本落ちても聞こえるくらい静かだった」と過去のことをいいたかったら、**You could have heard a pin drop.** と仮定法過去完了にする。同様に、「何か温かいものを飲みたい気分だった」と過去のことをいいたかったら、**I could have done with a hot drink.** と仮定法過去完了にする。第Ⅱ部の 'Our Nicky's Heart' の第2回7行目には 'But she could have done with a daughter . . . ' という文が出てきます。「娘が1人いてもいいなと思っていた」ということですね。

※

仮定条件が明示されない仮定法に慣れるためには、隠されている仮定条件についていじいじと考えないほうがよいかもしれません。そのためには、すぐ上で述べたように、決まり文句を覚えていくことが1つの方法。もう1つのコツは、仮定法を学ぶというよりは、法助動詞の用法を1つ1つ学ぶと割り切ったほうがよい。

あらっぽくいえば、(1) ～ (8) の例文については「could には現在の可能性を表す用法がある」と理解すればよいわけです。そして、それが理解できれば、以下のような決まり文句ではないケースも難しくなくなるでしょう。

(9) In this case, several solutions could be tried.
(10) There could be higher civilizations on other planets.
(11) There is a danger that this could bring other countries into the war.

(12) Internet users who illegally download music and films could face large fines.
(13) Staff reductions could be achieved through attrition and early retirements.
(14) Large-scale unemployment among young people could have terrible social consequences.

(11) 以下、暗い話題が並んでしまい申し訳ありません。それはともかく、(9) 〜 (14) のいずれの文においても could は「現在の可能性」を表します。

　　　　　　　　　　✺

さて、法助動詞とは can, may, shall, will とその過去形、must, need, dare と ought to, used to のことです。ここでは、そのなかでも本来的な法助動詞である can, may, will とその過去形、must, ought to を念頭に置き、法助動詞の性格について大雑把に確認しておきます。

これらの法助動詞は大きく分けて2つの意味を持つ。第1は、文に述べられる内容が真である「確率」についての話者の判断です（**It can be true.** の can のところに他の法助動詞を入れてみてください）。

第2は、文の主語が文に述べられる行為をする「自由」についての話者の判断です（**You can do it.** の can のところに他の法助動詞を入れてみてください）。

第1の意味でも、第2の意味でも、法助動詞は通常「話者」の判断を反映します。「主語」の判断ではないという点が肝心です。ですから、**The lion might eat the zebra.** という文を受身文（**The zebra might be eaten by the lion.**）にして、したがって主語が the zebra になっても、大まかな意味は変わりません。そこが決定的にふつうの動詞と違う。**The lion wants to eat the zebra.** だからといって **The zebra wants to be eaten by the lion.** ということにはならないでしょう？

なお、疑問文にしたときには「相手」の判断を仰ぐことになります（Can I do it? / Can you do it? / Can she do it?）。やはり、「主語」の判断ではありません。

つぎに理解しておきたいのは、それぞれの法助動詞はその2つの意味を核としつつ、さまざまなニュアンスを伴って使われるということです。

たとえば「可能性あり」と「能力/許可」を核とする could は、相手にやんわりと提案するときにも使う。

(15) You could put an advert in some magazine, journal, newspaper, or whatever.

広告を出すこともできるよね、という感じです。

また、「実際はそうしないけれども、そうなっちゃう可能性もないわけじゃないんだ」という感じでも使う。

(16) He irritates me so much I could scream.

あいつには本当にいらいらさせられる。ぎゃーっと叫びたいくらいだよ。

それから、やんわりと非難するのにも使える。

(17) You could at least say that you're sorry.

ご免なさいの一言くらい、言ってもいいんじゃない、という感じ。

過去のことについてやんわり非難するのなら仮定法過去完了にする。

(18) Jane could have been more considerate, to say the least.

もうちょっと人の気持ちを思いやるってことができたんじゃないか、ということですね。

こういう「非難」の could は might と重なってくる。

(19) They might have cleaned up before they left.

出ていく前に掃除くらいしたってよさそうなものだった（なのにしなかった）。

Could の用法に戻りますが、野菜ジュース V8 の広告 'Could've had a V8!' はご存じの方も多いでしょう。おいしい V8 を飲むこともできたのに、そうしなかったのは失敗だった。苦手な野菜を食べ残すくらいなら、最初から V8 を 1 本飲めばよかった、という意味です。こういう使いかたをしていると could は次第に should に近づいていきます。実際、V8 の広告も、ときどき 'Should've had a V8!' とか、その発音を崩した形の 'Shoulda had a V8!' とかになります。

※

さて、「仮定法（Ⅱ）」では、ここまで助動詞 could を中心にして考えてきました。でも、「仮定法（Ⅰ）」は「三メートルの棒の先ででも触りたいと思わない」（I wouldn't touch such a woman with a ten-foot pole.）から始まったのですから、ここですこし would も見ておきましょう。「三メートルの棒の先ででも」もそうですが、would を使う決まり文句には誇張表現が多い。

(20) I'd sooner die than marry you!

これはひどいなあ。「死んだほうがましよ[だ]、あんた[おまえ]と結婚するくらいなら！」だなんて。

(21) I would move heaven and earth to help her.

「彼女を助けるためなら、天地をも動かす覚悟だ」そうです。その心意気やよし（ただし、不可能）。

(22) I'd give my right arm to be 21 again.

ぼくは嫌です。

※

締めくくりは応用問題です。Jonathan Buckley の *So He Takes the Dog*（2006）から。聞き込みをしている 2 人の警察官が裕福な

夫婦の家を訪ねます。有名なレストランで食事をするのが趣味らしく、額縁に入れたシェフのサイン入りメニューが何枚も玄関ホールに飾ってある。家から出てきた2人はお互いの感想を確かめ合います。

'Did you see the framed menus? In the hall?'
'I did.'
'Signed by the chef, for fuck's sake.'
'And his handshake? Get more grip from an empty glove.'

え？　どこにも法助動詞がないですって？　だからこそ、応用問題なんです。ここには「省略」も絡みます。

どうですか。見えますか、**Get** の前に **You would** が隠れているのが。夫のほうと握手をしたとき、その手はぐにゃりとしていて、ぜんぜん力がこもっていなかったのですね。それを「手の入っていない手袋と握手したって、もうすこしは握り返してきたと思うがね」と言い表した。ね、やっぱり hyperbole でしょ。

tense　時制

　英語で時制は助動詞、動詞が表現します。よい機会ですから、英語の助動詞がどんなに大きな表現力を持っているか確認しておきましょう。

　「関係詞（Ⅱ）」にこんな例文がありました。

What used to be right is wrong.

　これをそのまま日本語に移して「正しかったことが正しくない」とするとわかりづらい。なんだか頼りない。ですから「昔は正しかったことが、いまでは正しくない」のように訳します。日本語において頼るべきは「昔は」「いまでは」という副詞句です。

　つぎに挙げるのもよく使う言い回しで、類似の文はネット上でいくらでも拾えます。

That's how it should be, not how it is.

　「それは理想で現実とは違う」ということですね。ドイツ語の **Sollen** と **Sein**. この対比を日本語の動詞と助動詞で表そうとすると、「それはあるべき姿であって、現にある姿ではない」となるでしょうか。ここで繰り出した「姿」という名詞は **how** に当てた言葉ですからここでは度外視するにしても、やはり「現に」という副詞を使わずにはいられません。

　英語の助動詞は動詞と組んで時制、相（完了／進行）、態（能動／受動）を表します。また、法助動詞が話者の判断、態度を表すことには「仮定法（Ⅱ）」で触れました。このように表現力の豊かな助動詞は、冠詞や接続詞、前置詞と並び、英語において見かけ以上に重要な役割を背負った小さな言葉の１つです。ゆめゆめ粗略に扱ってはなりません。

※

　さあ、本題の時制です。第Ⅱ部第２回の原文１–５行目をご覧ください。

Frank Randall had three sons: Michael, Eddy and Mark. That was fine by him. ㈤A farmer whose business is rearing livestock knows that the sums extend to his own offspring. Sons are a good investment. His wife couldn't argue. ㈨She'd married a farmer with her eyes open and knew the score.

別に難しいことはありませんが、とにかく時制に注意して読むことが大事です。この 'Our Nicky's Heart' は基本的に過去時制で書かれている。デイヴィッド・ロッジが『小説の技巧』（柴田元幸、斎藤兆史訳）で述べているように、「何かが書かれているということは、論理的にそれがすでに起こっていることを前提としているから」、「過去形は物語にとって『自然』な時制」です。吉田健一は「考へて見れば話といふ言葉に昔を冠するだけ余計であってどういふ話でもそれが話になる類のものであるならば昔話であることを免れない」と言いました。

下線部 ㈤ の2文は主語に **A farmer, sons** という不定名詞をもってきて、時制は現在に切り替え、一般論を述べている。

下線部 ㈨ は第1文で設定された「基準時」、すなわち息子が3人いる時点よりも前のことですから、過去完了になっている。

※

ところで、ウィリアム・トレヴァーの『フェリシアの旅』（1994）はこんなふうに始まります。

She keeps being sick. A woman in the washroom says:
  'You'd be better off in the fresh air. Wouldn't you go up on the deck?'
   It's cold on the deck and the wind hurts her ears. . . .

「彼女」は船に酔い（それだけではないかもしれませんが）、もどしてばかりいます。しかし、それよりこの小説が現在時制を基本にして書かれていることに注意してください。デイヴィッド・ロッジは現在時制の小説は「何となくしっくりとこない」と言い、確かにそうなのですが、このように現在時制で書かれた小説はすくなくあ

りません。過去を「基準時」にした場合、それより前のことを記述するためには過去完了を使うしかない。それにたいし、現在を「基準時」にすると現在完了、過去、過去完了と選択の幅が広がることだけは確かです。

『フェリシアの旅』に見られるような過去時制の代用としての現在時制と、先ほどの下線部 (イ) のような一般論を述べる現在時制とは違います。小説を一般論で始める例としてはジェイン・オースティンの『高慢と偏見』やヘンリー・ジェイムズの『ある婦人の肖像』(1881) が思い出されます。そして何といってもトルストイの『アンナ・カレーニナ』(1875–77) です。Richard Pevear と Larissa Volokhonsky の英訳で読むと 'All happy families are alike; each unhappy family is unhappy in its own way.' セミコロンの使いかたの例文にもなっている（→「句読法 (Ⅱ)」の項参照）。J・M・バリーの『ピーター・パン』(1911) の出だしはこうです。

All children, except one, grow up. They soon know that they will grow up, and the way Wendy knew was this. One day when she was two years old she was playing in a garden, . . .

All children を主語とする現在時制の一般論で始め、第2文の途中、等位接続詞 **and** のところから過去時制に切り替えて2歳のときの **Wendy** の話に移っています。

✼

つぎは過去完了で始まる例を見ましょう。イギリスの作家 **Penelope Lively** の短篇集 *Pack of Cards* (1986) 所収の 'A Long Night at Abu Simbel' の冒頭です。「彼女」は団体旅行の添乗員。苦情ばかり出て、仕事に嫌気がさしてきたようです。時制の使いかたをよく観察してください。

In Cairo they (イ)had complained about the traffic and at Saqqara Mrs Marriott-Smith and Lady Hacking (ロ)had wanted a lavatory and (ハ)blamed her when eventually they (ニ)had to retire, bleating, behind a sand-dune. She (ホ)had

文法+α I

lost two of them at Luxor airport and the rest <u>had sat</u> in the coach in a state of gathering mutiny. Some of them <u>were</u> given to exclaiming, within her hearing, 'Where's that wretched girl got to?' At Karnak the guide <u>hadn't shown up</u> when he <u>should</u> and she <u>had had to mollify</u> them for half an hour with the shade temperature at 94°. On the boat, a contingent <u>had complained</u> about having cabins on the lower deck and old Mr Appleton, apparently, <u>was</u> on a milk pudding diet, a detail not passed on to the chef by the London office. She <u>knew</u> now that not only <u>did she not like</u> foreign travel or tour leading but <u>she didn't much care</u> for people either.

カイロではこんなことがあった、サッカラではこんなことがあったと述べていくとき、基本的に過去完了を使っています。2重下線部 (イ) (ロ) (ハ) (ホ) (ヘ) (ヌ) (ル) です。(ハ) blamed は過去形なのか過去分詞なのか、やや曖昧かもしれません。わたしは (ロ) had wanted の had が (ハ) にも効いていて、(ハ) は過去分詞であると読みます。

このように過去完了が使われているのは、カイロもサッカラも、さらにルクソールもカルナクも、そして乗船したのも、この物語の「基準時」以前のことだからです。その「基準時」を示すのが下線部 (ワ) ですね。そして、これが「基準時」であることを直後の副詞 now が鮮明化する。下線部 (カ) (ヨ) は knew の目的語である that 節の内部。「時制の一致」で過去形になっている。なお、日本語には「時制の一致」がないこと、したがってこの (カ) (ヨ) を日本語に訳すと現在時制になることについては第II部第8回をご覧ください。

もっとも、「基準時」以前のことであっても、下線部 (ニ) (ト) (リ) (ヲ) のように過去完了でなく、過去で書いてある箇所もあります。過去完了一色に塗りつぶされているわけではない。簡単なほうから片付けますと、(ト) were と (ヲ) was はこの旅行のあいだずっとつづく客たちの癖や習慣を述べるところですから、過去時制で何の不思議もありません。「基準時」においても妥当する事柄ですから。

残るは (ニ) had to retire と (リ) should ですね。いずれも従属節のな

かであることに気づかれたでしょう。このように従属節中では、真面目に書けば現在完了や過去完了になるはずのところを単純な過去で代用することがすくなくありません。Michael Swan の *Practical English Usage* (Third edition) の第580項 'tense simplification in subordinate clauses' の第7節 'simplification of perfect and progressive verbs' から例文を1つ拝借します (575ページ)。

For thirty years, he had done no more than he (had) needed to.

この括弧に入った had はよく省かれる。エジプト旅行の例でも、(ニ) had to retire を had had to retire としたり、(リ) should を should have としたりするのは重ったるいと書き手は判断したのでしょう。

❦

もう1例、過去完了の使いかたを見てみましょう。イギリスの作家 Rose Tremain のデビュー小説 *Sadler's Birthday* (1976) のこれも出だしです。Jack Sadler は、いまは自分のものとなっている屋敷でかつては執事を務めていました。歳はもう70代の後半です。「執事もの」ではカズオ・イシグロの『日の名残り』(1989) が有名ですが、この *Sadler's Birthday* もとてもいい小説です。

Jack Sadler (イ)woke up in what (ロ)had once been the Colonel's room. Now, like the rest of the big house, it (ハ)was his. They(ニ)'d had a wing each, the Colonel and his wife Madge; they (ホ)liked to meet at mealtimes in the dining room, listen to the news together, or play a game of Gin Rummy, but several doors (ヘ)divided them while they (ト)slept.
　Colonel Bassett (チ)had been a tidy man. (リ)Came from his army training, so he (ヌ)said. . . .

こんどは第1文の下線部 (イ) woke up で「基準時」が設定されます。下線部 (ハ) was もその「基準時」。そして、かつて屋敷が大佐夫妻のものだったころについて述べるとき、2重下線部 (ロ) (ニ) のよう

に過去完了を使っている。ここまでは問題ありません。

　面白いのは、大佐夫妻の生活ぶりをすこし具体的に述べるくだりで下線部 (ホ) (ヘ) (ト) と過去時制を用いていることです。大佐夫妻がいた時間のなかに入り込んで過去時制で書いてある。もちろん、その時間に入り込まず、「基準時」に立ったまま書くこともできます。さきほどのエジプト旅行の例がそうでした。その方式を採るならば、(ホ) liked は had liked となり、(ヘ) divided は had divided となります。そうした場合でも、従属節中の (ト) slept だけはこのままがよいかもしれません。ここまで過去完了にしたら重すぎる。

　第1段落の過去完了でわかったのは大佐夫妻がもうこの家に住んでいないことですが、第2段落冒頭の文の下線部 (チ) had been で何がわかるでしょう？　そう、どうやら大佐はもうこの世にいないらしい。逆に、もしも下線部 (チ) が was だったら、「基準時」において存命です。

　第2段落の最初の文でもって、つまり (チ) の過去完了によって、これは過去から見た過去の話なんだよ、と時間の枠を決めてやる。そしていったん決めてしまったら、またその枠のなかに入り込んで (ヌ) のように過去時制を使いだす。

　なお、(リ) は「時制の一致」による過去時制です。この Came from his army training は間接話法の被伝達部ですが、大佐の台詞を復元できますか？　そう、'Comes from my army training.'（軍隊で受けた訓練の賜だ）です。間接話法なのですが、'It comes from . . .' の主語 It を省略した会話的な口調を残してあるわけです。

※

　最後に英語の時制と日本語の時制の性格の違いについて、すこしだけ考えてみたいと思います。

　「時制の一致」についてはすでに上で触れました。それから、よく言われることですが、過去のことを述べるとき、英語では基本的に一貫して過去時制を使うけれども、日本語ではもっと融通がきき、現在時制を混ぜて書くことができる（→第Ⅱ部第7回参照）。

　ここで、すこし違う観点からの話になりますが、簡単な英文とそ

の日本語訳について考えてみましょう。

(1) She went red when he looked at her.

まず、これが過去の1回だけの出来事なのか、同じ過去でも反復された出来事なのか、文脈が与えられないうちはいささか曖昧です。前者と考えるのが素直なのでしょうが、ぼくがでっちあげた文脈をご覧ください。

John's girlfriend was very shy. Even after two years of courtship she went red when he looked at her.

ほら、反復された出来事になったでしょう？

さて、(1)を「彼が見つめたら彼女は真っ赤になった」と訳したら、どうでしょう。この日本語は1回こっきりの出来事について述べていると読むのがふつうではないでしょうか。

では、「彼が見つめると彼女は真っ赤になった」と訳したら、どうでしょう。(1)の英語と同じように、1回こっきりの出来事とも、反復された出来事とも、両様に読めるのではないでしょうか。「付き合いはじめて2年が経っても、彼が見つめると彼女は真っ赤になった」というふうに使えます。

ついでに申し上げると「彼が見つめたとき、彼女は真っ赤になった」と訳すと「見つめた」ことと「真っ赤になった」こととの因果関係が希薄になる感じがする。「たまたま」彼が見つめたとき、彼女が「別の理由で」真っ赤になった可能性が出てくる。

ひとつ確かなのは、日本語では過去のことを述べる文の従属節でも「見つめると」のように現在時制を使うということです。英語でも従属節では過去完了にしないで過去ですます現象をエジプト旅行の例で見ましたが、日本語ではそれがもっと派手に行われる。つまり、日本語のほうが、従属節の主節への従属性が高い感じがする。

従属節の従属性の高さ。日本語に「時制の一致」がないこと。過去について述べているときに現在時制を混ぜること。これらを考え合わせ、危険を承知で一般化を試みれば、日本語のほうが設定した時間枠のなかへ入り込みやすい、話者の視点が時間軸上を移動しや

すいということが言えそうです。

　なお、英語と日本語の時制について考えるとき、現代の日本語で「過去」を表す助動詞として使われる「た」が「完了」も表すことに注意が必要です（もともと完了の助動詞「たり」の連体形「たる」が変化して「た」が出てきたらしい）。「1549年、フランシスコ・ザビエルが鹿児島に来た」は「過去」でも、「あ、バスが来た」は「完了」です。「比較級」の項で現在時制と現在進行形の英文を日本語に訳したら、「ずっとかわいくなった」「よくなりました」となりました。この2つの「た」も「過去」ではなくて「完了」です。「春が来た、春が来た」の「た」もそうですし、「シャボン玉飛んだ、屋根まで飛んだ」の「だ」もそう。

trope　言葉のあや

　言語表現という技術を習得していく過程で、上級編らしい上級編があるとすれば、それは修辞（レトリック）ということになるでしょう。思えばわたしが 'rhetoric' あるいは「修辞」という言葉にはじめて出会ったのは、英文法の本で rhetorical question（修辞疑問）の説明を読んだときでした。修辞疑問の例として、第Ⅱ部第6回の原文5–10行目を読んでみましょう。

> When he was seventeen he somehow scraped together the cash to buy a six-year-old Yamaha on which he careered round the lanes and burned up and down the main roads, discovering, I think, that for all its throb and roar — <u>what could you expect with the money he'd paid?</u> — the thing was pretty short on power.

　この what can you expect? が修辞疑問です。文字どおりの意味は「何を期待できるか？」ですが、本意は「何も期待できない」「（悪い結果などで）当然だ」ということ。You は総称用法の you です。「彼」は中古のオートバイを買って乗り回していたけれども、馬力不足だったらしい。でも、<u>それも当たり前だった、すごく安く買ったのだから</u>、ということ。下線部を直訳すると「彼の支払った金額で何を期待できたか？」です。

　第Ⅱ部第8回の原文23行目の how do we know も修辞疑問。「どのようにして知ることができるか？」と言いながら「知る術はない」と思っている。という具合で修辞疑問とは疑問の形をとった断言なのです。

　LDOCE から1つ例文を拝借しましょう。

(1)　Life in the military is hard — <u>how can it be otherwise?</u>

　下線部を直訳すれば「どのようにしてそれは他のありようになり得るか？」ですが、意訳すれば「厳しくないわけがない」となります。

文法+α　I

　修辞の技法は大きく scheme と trope の2つに分類されます。Scheme は語の配列に関わる技法で、たとえば alliteration（頭韻）や ellipsis（省略）、parallelism（対句）などが含まれる。Trope は言葉を文字どおりの意味とは異なる意味で用いる技法で、rhetorical question もその1つですし、これから見ていく metaphor（隠喩）や irony（反語）、euphemism（婉曲語法）もその仲間です。

(A) Metaphor（→第Ⅱ部第2回参照）

　「男はみんな狼よ」と、ずばり言い切ってしまうのが隠喩（metaphor）です。喩えが喩えであることを伏せておく。それにたいして「男はみんな狼みたいにすきを窺っているのよ」と喩えであることを宣言してしまうのが直喩（simile）。

　迫力の点で隠喩のほうが上ですが、その代わり子どもや literal-minded な人たちには通じない恐れがある。そして通じなかった場合は「ふうん、日本では絶滅したって先生言ってたけど」「それって狼男のこと？」「狼と人間のあいだに赤ちゃんは生まれるの？」と面倒くさい。

　まず短い例文をひとつ見てみましょうか。

(2)　Writing a biography is an absorbing voyage of discovery.

　人生を旅や航海に喩えることはよくありますが、ここでは伝記を書くことをさまざまな発見のある興味の尽きない航海に喩えています。

　つぎはオンラインの *TIME* に2009年4月2日付で載った 'The New Age of Extinction' という記事から1文を引きます。人間も動物であり、地球という生態系に依存している。そして多様な生物の棲む生態系こそが健全な生態系であるのに、現在はいわば人災である地球温暖化のために多くの動物が急速に絶滅にむかっている。その状況をこんな隠喩で表現しています。

When we pollute and deforest and make a mess of the ecological web, <u>we're taking out mortgages on the Earth that we can't pay back</u> — and those loans will come due.

　まず mortgage とは不動産に抵当権を設定して借金をすることです。住宅ローンが典型的ですね。銀行から借金をして家を買い、その家屋に抵当権を設定して借金の担保とする。借金が返済できなかった場合は、銀行は抵当権を実行する（家屋を競売に付し、その代金から弁済を受ける）。予備知識はこれで十分でしょう。

　さて、関係代名詞節 that we can't pay back はどこにかかりますか？　そう、mortgages にかかりますね。下線部は「わたしたちは地球をかたに、返すこともできない額の借金をしているようなものだ——そして返済日は必ず来るのである」ということ。ただし、この日本語訳は直喩になっています。

　締めくくりにディケンズの *Hard Times*（1854）の冒頭を読んでみましょう。

"Now, what I want is, Facts.　Teach these boys and girls nothing but Facts.　Facts alone are wanted in life.　<u>Plant nothing else, and root out everything else.　You can only form the minds of reasoning animals upon Facts</u>: nothing else will ever be of any service to them.　This is the principle on which I bring up my own children, and this is the principle on which I bring up these children. Stick to Facts, sir!"

　校長の Mr Gradgrind が教育方針を開陳しているところ。下線部を日本語にすると「[[「事実」の]ほかは何も植えず、ほかはすべて引っこ抜く。「事実」を食ませることによってのみ、理性ある動物の精神を育てることができる」となります。生徒たちは草食動物、「事実」はその草食動物が食むべき青々とした草といったところでしょうか。「想像力」などという雑草は引っこ抜かれなければなりません。なお、下線部の最後にある upon Facts の [up]on は feed cows on grass というときの on です。

　上記引用箇所のすこし先の地の文では、子どもたちは Facts をな

みなみと注がれることになる **vessels**（器）や **pitchers**（水差し）に喩えられており、ともに隠喩です。

(B) Irony

　反語もピンとこないことがある。20代の終わりから30代の始めにかけて大学の「助手」という仕事をしていたときのことです。用務員のおじさんが「いやあ、親切な学生さんがいてねえ、あたしの自転車、持ってってくれてねえ」と言います。「はあ、どこまで持ってってもらったんですか」と受け、相手が苦笑いをしているのでやっと自転車が盗まれたのだと気づきました。

　最初は短い例文から始めましょうね。

(3)　That's a nice way to treat a friend, I must say!

　直訳すれば「それは友人を遇する結構な仕方であると言わねばならない」ですが、本当はちっともナイスじゃないわけです。ひどい扱いを受けて憤慨している。同じことを **Is that the way to treat a friend?** と言えば修辞疑問になります。

　イアン・マキューアンに『愛の続き』（原題 *Enduring Love*, 1997）という小説があります。中年男性の語り手は、年下の男性につきまとわれ、一種のハラスメントを受けている。身の危険を感じはじめ、警察に相談に行きますが、まだ具体的な被害がないので取り合ってもらえない。ある日、レストランで会食していると暴漢が闖入してきて隣のテーブルの男性を射殺する。語り手は「被害者は誤って殺されたのだ。本当の標的は自分だったのに暴漢が人違いをしたのだ」と考える。そして、これでやっと警察に保護してもらえると思う。ところが、警察の調べによって、殺された男性は1年半前にも命を狙われ、そのときも銃で撃たれていたという事実が判明する（第20章）。

　つぎの引用は、その事実を刑事から聞かされた直後の場面です。

There was a silence during which I thought how unfair it was, that the man shot in error had once been shot in earnest. <u>All I needed at a time like this was a meaningless coincidence.</u>

今回の件は人違いだったと語り手は確信していますから、被害者の男性のことを 'the man shot in error' とよんでいる。そして以前には本当に標的にされたらしいので 'had once been shot in earnest' です。

　そして下線部が反語です。これを額面どおりに「こんなときにわたしに必要なのは無意味な偶然の一致だけである」と読むと意味不明でしょう？　本当の気持ちは「よりによってこんなときに無意味な偶然の一致とは、迷惑このうえない」ということです。

　なお、過去時制の下線部を日本語では現在時制に訳したのは、この箇所がただの地の文ではなく、自由間接話法（描出話法）であると解したからです。下線部は形式的には1文で独立していますが、実質的には前文の **I thought** が効いている。ですから、下線部は「時制の一致」によって過去時制となっているわけです。こういうところを日本語に訳すと現在時制になる（→「時制」の項および第Ⅱ部第8回参照）。下線部をふつうの地の文と解する人はここを過去時制で訳すでしょう。

(C) Euphemism

　ストレートに言うと人の感情を害したり、言っている本人が恥ずかしくなったりすることは「オブラートに包んで」言いますね。あれが euphemism です。語頭の eu- は「良い、好ましい」の意の連結形で、eulogy（賛辞）、euphony（快い響き）、euphoria（多幸感）、euthanasia（安楽死）などの頭についている eu- です。

　すっかり定着した婉曲語法では break wind (=fart), make love (=have sex), wipe out (=kill); mature (=old), mellow (=drunk), plain (=ugly), plump (=fat) などが思い浮かびます。面白いのでは '(go to) see a man about a dog'（犬のことで人に会いに行く）というのがあり、これは行き先をはっきり言いづらいときに使う。そして英語でも日本語でも「死ぬ」の euphemism は多いですね。*LDOCE* の euphemism の項の例文はこうです。

　(4) 'Pass away' is a euphemism for 'die'.

複数あるうちの1つだから **a euphemism** と不定冠詞です。ほかに **breathe one's last; depart this life; meet one's maker** などがあります。

つぎに引くのはイーヴリン・ウォーの旅行記 *Remote People* (1931) の一節です。1930年、ウォーはタイムズ紙の特派員としてハイレ・セラシエ1世の戴冠式を取材しにエチオピアに赴きます。戴冠の祝賀行事も終わったあとの一日、ウォーはアメリカの学者 **Professor W.** とアジス・アベバの北に位置するデブレ・リバノス修道院を訪問。そこに聖なる泉があり、湧き出るのは紅海の底の水脈を流れてきた薬効に富むヨルダンの水であると信じられている。強い日差しを浴びつつ、ウォーとW教授はガイドの先導で泉を目指し坂道を登ります。

> It was a stiff climb; the sun was still strong and the stones all radiated a fierce heat. 'I think, perhaps, we ought to take off our hats,' said the professor; 'we are on very holy ground.'
>
> I removed my topi and exposed myself to sunstroke, trusting in divine protection; but, just as he spoke, it so happened that our guide stopped on the path and <u>accommodated himself in a way which made me think that his reverence for the spot was far from fanatical.</u>

W教授はアフリカの賛美者ですから、聖地に敬意を表して帽子をとるべきだと言います。日射病からは神様が守ってくださるにちがいないと信じ、ウォーもトーピー帽を脱ぐ。しかし、W教授が帽子をとろうと言ったちょうどそのとき、ガイドが立ちどまり **accommodate himself** しました。この「自分自身の願い、要求を聞き入れる」というのが婉曲語法です。どういう意味かおわかりになりますか？ ヒントはつづく部分ですね。直訳すると「この地にたいする彼の畏敬の念は狂信的とよぶにはほど遠いとわたしに思わせるような仕方で」となります。

同じことをもっと一般的な婉曲語法では **pass water** とか **relieve oneself** とか言うのですが……。そうなんです、このガイド、あろ

うことか立ち小便を始めたのですね。というわけですから「彼の畏敬の念は狂信的とよぶにはほど遠い」は understatement です。下線部のうち in a way which . . . の部分だけをごくストレートな言いかたに直してやると、'accommodated himself in an irreverent way' となる。しかし、これではつまらないですよね。もとの euphemism と understatement を組み合わせた回りくどさこそ、British humour の真骨頂です。

　付け加えれば、同じことを言うのに難しい言葉、大仰な言葉を使うのも euphemism の一種です。あからさまに drunk と言うよりは inebriated と言ったほうが酒臭くなくなるし、pee よりは urinate, urinate よりは micturate のほうが小便臭くない。

※

　以上、metaphor と irony と euphemism の例を見てきました。こうした言葉のあやは、母語であっても解し損ねることがある。英語にも 'Don't be so literal!' (そう額面どおりにとるなよ) という言葉があるくらいです。それが外国語となると、もっと難しい。

　わたしたちとしては英語をたくさん読んで、たくさん聴いて、英語流の言葉のあやに慣れるしかないわけですが、1つ覚えておいていただきたいことがあります。それは辞書です。案外、いろいろなことが辞書に載っている。この項で扱った修辞疑問の what can you expect? も how do we know? も、皮肉の all I need も辞書に出ているのです。*LDOCE* で need を引いて第10義をご覧ください。'That's all I need.' イコール 'That's just what I didn't need.' であると教えてくれる。ついでに形容詞 fine の第8義、nice の第8義もご覧ください。反語的な用法が出ているでしょう？　これは *LDOCE* に限るとか、英英辞典に限るとかの話ではありません。英和辞典にもちゃんと出ている。ぜひ、研究社の『リーダーズ英和辞典』(第2版) と『新英和大辞典』(第6版)、大修館の『ジーニアス英和大辞典』、小学館の『ランダムハウス英和大辞典』(第2版) を開き、need, fine, nice の各項を読んでいただきたい。いや、もっと小さな辞書だって……。

word order　語順

'A dog bit a man.' はニュースにならないが、'A man bit a dog.' はニュースになるといわれます（→「冠詞」の項参照）。なぜ、こんな言いかたが面白いのかというと、a dog と a man の文中の位置をくるりと入れ替えるだけで、痛い思いをする側もくるりと入れ替わってしまうからですね。

つまり、英語では、ただ a dog とか a man というだけでは、それが主格なのか目的格なのかわからない。文中に位置を与えられてはじめて主語なのか目的語なのかがわかる。つまり、英語は語順が大事な言語である。

と、ここまではそのとおりですが、かといって英語は語順についてまるで融通がきかないというわけではありません。英語の通常の語順に変化が起こる現象は「目的語の前置」と「倒置」でも扱いましたが、ここではそのいずれにもあたらない場合を見ます。具体的には、通常は目的語のあとに補語や前置詞句がくるのに、その順が逆転して補語や前置詞句のほうが先にくる場合、つまり、V と O のあいだに何かが割り込む場合です。

※

学校では5文型（→「前置詞句」の項参照）の5番目として SVOC というのを習います。たとえば、騒音がひどくて、とても眠れたものではなかったときは、

(1)　The noise made sleep impossible.

と SVOC でいえますね。

さて、つぎにご覧いただくのは、イギリスの *Spectator* という雑誌のウェブサイトにあった文です。従来はどんな分野でもプロとアマがいて、両者の違いは知識の量だった。ところがインターネットの出現により、プロによる知識の独占ということが成り立たなくなった、という話。

The Internet makes impossible the concentration of knowledge that, until recently, set professionals apart from laymen.

この文では the concentration of knowledge という目的語自体が長めですし、その目的語に関係代名詞節がかかりますから、補語の impossible を置く場所が難しい。こんなときは補語のほうを前に出して **SVCO** とする。そうすれば、あとは気兼ねなくだらだら書けます。なお、これと類似の例文は「倒置（Ⅰ）」にもあります。

※

動詞のあとの目的語と前置詞句についても同様のことが起こります。ビアトリクス・ポターの『りすのナトキンのおはなし』（1903）で、りすたちが湖の真ん中の島へ木の実をとりにいく。そのとき島の主である老フクロウ Old Brown にお土産を持っていきます。

They also took with them an offering of three fat mice as a present for Old Brown, and put them down upon his doorstep.

学校で最初に教わる語順は take something with one ですが、目的語が長いので with one のほうを前に出す。

※

ところで、「今日できることを明日に延ばすな」という英語の諺は言えますか？　そう、

Never put off till tomorrow what you can do today.

といいます。でもヘンですね、「今日できること」を先送りにしているぞ。

※

同じく諺の類ですと、こういうのはご存じですか。

Reading is to the mind what exercise is to the body.

文法+α　I

　精神にとって読書とは、肉体にとっての運動のようなものである。ぼくは高校生のころ、この文の構造がまったくわからず、丸暗記しました。「A is to X what B is to Y. → A : X ＝ B : Y」と。

　嬉しかったですよ、この文の構造がわかったときは。

Reading is (to the mind) {what exercise is to the body}.

　つまり、主語が reading で補語が what 節の第2文型なのですね。その V と C とのあいだに to the mind が割って入った。

　この前置詞句を文末にもっていくと、まるで what 節の内部にあるみたいに見えてしまう。それに to the body to the mind とつながって非常に恰好が悪い。もちろん文頭にもっていく手はあります。でも、そうした場合、X : A ＝ B : Y となり、意味と形がずれてしまう。

　ちょっと脱線しましたね、これは。V と O のあいだに C や前置詞句が割り込む現象を見ていたのですから。

✼

　でも脱線したついでです。こんどは there 構文の意味上の主語の前に前置詞句が出た例を見ます。ボズウェルの『サミュエル・ジョンソン伝』(1791) が伝えるジョンソンの名文句です（1777年9月20日土曜日）。

No, Sir, when a man is tired of London, he is tired of life; for there is in London all that life can afford.

　1行目のセミコロンのあとの for は「というのは」という感じの等位接続詞の for です。そして there 構文の意味上の主語は **all that life can afford** です。その前に **in London** が割り込んだ。

　この前置詞句も文末にもっていくと関係代名詞節の内部にあるように見えてしまう。接続詞 for のあと、there の前に置くぶんには問題はなさそうです。

　中野好之訳はこうです。「いや、君、ロンドンに倦いた人間は人生に倦いた人間だ。何しろロンドンには人生が与えうる一切のものがある。」

※

　さあ、目的語の前に前置詞句が出る現象に戻りましょう。短い例文を4つ並べておきますから、よく観察して慣れてください。前にせり出した前置詞句に下線を施しておきます。

(2) He drove off, leaving <u>behind him</u> a trail of blue smoke.
(3) The chief executive will set <u>in train</u> the process of finding a successor.
(4) More money should be given to housing, bearing <u>in mind</u> the problem of homelessness.
(5) Our hospitals are short of cash. Add <u>to that</u> the long hours doctors work, and you have a recipe for disaster.

※

　第Ⅱ部の 'Our Nicky's Heart' の第11回原文14–16行目にはこんな箇所があります。

My mother had taken on for herself a pitch of anguish that none of the men in her family could match.

　これも同じですね。たとえば「自分一人で多くのことを背負いこみすぎた」なら **I've taken on too much for myself.** となるでしょう。でも、上の例では **a pitch** に関係代名詞節がかかりますから、**take on** の目的語は「**that** 以下のような程度の苦悩」と長くなる。それで **for herself** を前に出してある。

※

　締めくくりはディケンズの『大いなる遺産』(1860–61)の冒頭にしましょう。

My father's family name being Pirrip, and my christian name Philip, my infant tongue could make of both names nothing longer or more explicit than Pip. So, I called myself Pip, and came to be called Pip.

文法+α I

　2行目のコンマまでは独立分詞節2つが and で並列されています。2つはちょうど同じ形の句なので、2つ目では共通部分の being が省略されている（→「省略」の項参照）。問題は my infant tongue 以下の主文です。構造は見えますか。つまり、make の目的語が何かわかりますか。

　そう、**nothing** が make の目的語です。その nothing に **longer or more explicit than Pip** という形容詞句がかかって長くなる。だから **of both names** のほうが前にせり出した。もともとは **make A of B** ですね、「B から A をつくる、B を A にする」というあれ。それがここでは **make of B A** となっている。小さいころ舌が回らなくて、自分の姓の **Pirrip** も、名の **Philip** も、どちらも簡単な「ピップ」という音になってしまい、それ以上長くも、それ以上明瞭にも発音できなかったというわけです。小さい子はかわいい。

II 翻訳＋α
英語小説翻訳講座
Our Nicky's Heart
by Graham Swift

1

下線部を日本語に訳しなさい。

　Emma Woodhouse, handsome, clever, and rich, with a comfortable home and happy disposition, seemed to unite some of the best blessings of existence; and had lived nearly twenty-one years in the world with very little to distress or vex her.

　She was the youngest of the two daughters of a most affectionate, indulgent father, and had, in consequence of her sister's marriage, been mistress of his house from a very early period. <u>Her mother had died too long ago for her to have more than an indistinct remembrance of her caresses, and her place had been supplied by an excellent woman as governess, who had fallen little short of a mother in affection.</u>

　Sixteen years had Miss Taylor been in Mr Woodhouse's family, less as a governess than a friend, very fond of both daughters, but particularly of Emma. Between *them* it was more the intimacy of sisters. . . .

　同じ原文を訳しても訳し手によって結果は違ってくる。複数の翻訳にたいする優劣の評価も、一致することもあるが分かれることもすくなくない。そこで講座を開くにあたり、どんな翻訳をよしとするかについて旗色を鮮明にしておきたい。

　ひとことで言えば直訳に毛の生えたような意訳、これがぼくの理想である。毛はうっすらと生えた程度で原文の頭のかっこうが透けて見えるような、けれども独り立ちした文章として読める訳文を書きたい。こちらが力不足でそれができないときに限り、やむを得ず思い切った意訳に踏み切る。これで所信表明演説を終わります。

　さて、上に掲げた下線部訳の問題は『翻訳の作法』（斎藤兆史、東

京大学出版会、2007）から拝借しました（17–20頁）。原文は **Jane Austen** の *Emma*（1815）の冒頭です。斎藤訳を見るまえに、邦訳『エマ』4点を開いてみましょう。

　まずは阿部知二訳（中公文庫）です。「母はあまりにも前に亡くなっていたので、その愛撫についての記憶はおぼろげにしかなく、母の座は、家庭教師としてきた優れた婦人がとって代わっていたが、愛情の点でも、母親のそれにほとんどゆずらないほどであった。」　①母の早逝→②模糊とした記憶→③母親代わりは女家庭教師→④その愛情の深さ、という原文の流れそのままに、原文と同じく1文で訳してある。

　つぎはハーディング祥子訳（青山出版社）です。「母親は小さいときに亡くなり、かわいがってもらった記憶がかすかに残っているだけだ。代りに、実母に勝るとも劣らない愛情でふたりを育ててくれたのが、優秀な家庭教師だった。」　後半でひっくり返って①→②→④→③としている。2文に分けて訳した。

　3番手は工藤政司訳（岩波文庫）。「母が死んだのはあまりにも遠い昔のこととあって、可愛がられた記憶がかすかに残るだけだ。家庭教師の賢い女性が母親代りだったが、彼女は生みの母にも劣らぬ愛情で接してくれた。」　こちらは①→②→③→④で、2文です。

　最後に中野康司訳（ちくま文庫）。「幼いころに母親を亡くしたので、母親にかわいがられた記憶はおぼろげにしか残っていないが、母親に劣らぬほどの愛情にあふれた、優秀な家庭教師が母親代わりになってくれた。」　こちらは①→②→④→③で1文ですね。もっとも、同じ④→③といっても、中野訳はごく素直に関係代名詞節を訳し上がった感じであり、それに比べるとハーディング訳はかなりいじっていることがわかる。

　ここで先ほどの所信表明演説を補足修正したい。関係代名詞節を訳し上がるほうがむしろ直訳ではないか、そういう感想もあろうかと思う。そうであるのかもしれなくて、そうであるのならばぼくの理想とする（毛の生えた）直訳はそれとすこし違う。原文で4つの情報が①→②→③→④と出てきたら、特段の事情のない限り、訳文でもその順を守りたい。直訳というより直線訳か。

『エマ』冒頭の下線部訳でもやはり③→④を守るほうを選ぶ。原文は④「家庭教師の愛情の深さ」から次の第3段落で述べられる家庭教師とエマの仲のよさという話題へとなだらかにつながっているからである。もっとも、④→③と逆転させても、この場合にはさほど大きな瑕にならないかもしれない。しかし逆転させる理由があるだろうか。そして、ときに、そのような訳し上がりが文と文との、段落と段落との、つながりをひどく悪くすることがある。

　つぎは文の数についてです。第1段落と第2段落を合わせると原文は3文。もっとも第1段落にはセミコロンがあり、実質的には全部で4文と数えることもできる。これを阿部訳は3文、ハーディング訳は7文、工藤訳は4文、中野訳は5文で訳している。

　英語は **SVO** を基本とし、さらに関係節による修飾は後置されるから、文を右へ右へと延ばしていきやすい。いっぽう日本語は **SOV** を基本とし、修飾は前置するから、長くて読みやすい文を書くのが難しい。だから英語の原文が長い文を連ねてきたときに、その文の数を守って訳そうとすると読みづらい日本語になりがちである。と、ここまではよいが、だからといってぶつぶつと切っては原文と印象の違う訳文ができてしまう。読みやすければよいというものではないのであって、加減が難しい。

　もうすこし細かな点を見るまえに、下線部の斎藤兆史訳を引きます。「母親は遠い昔にこの世を去ったまま記憶の片隅に残るほのかな抱擁の温もりと化し、その代わりを務めてくれたのは、情愛の深さにおいて決して母親に引けをとらぬ優れた女家庭教師であった。」

　この斎藤訳の前半はすごい。頭の形が透けて見えないどころか、かつらをかぶって別人と見まごうばかりである。原文に比べてずいぶん大仰な訳文になっている。じつは斎藤兆史氏にはあらかじめ断ってあります。ここはひとつ尊敬する先輩に思い切りからんでみましょう。

　なぜ die が「この世を去る」と婉曲的になるのですか（→第Ⅰ部「言葉のあや」の項参照）。「死ぬ」でよいではないですか。せいぜい「亡くなる」どまりでしょう。

　なぜ have an indistinct remembrance を「記憶の片隅に残るほ

のかな……」として、原文にない「片隅」をつっこむのですか。「記憶がかすかに残っている」でよいではないですか。

　なぜ caresses が「抱擁」なのですか。手で撫でさすることでしょう、caress というのは。もっとも、ここをそのまま「愛撫」としたのは阿部訳のみです。性愛を連想させやすいということなのか、ほかの訳者は「愛撫」から逃げている。

　なぜ「温もり」なのですか。原文には影も形もないじゃないですか。「抱擁」に引きずられてでてきた言葉でしょうか。

　これは憶測にすぎませんが、斎藤訳は『エマ』の既訳のいずれとも違う日本語にしようと無理をして作ったものなのかもしれない。

　しかし、たとえそうであったにしても、この下線部訳につづく解説を読むと、やはり翻訳というものにたいする考え方がぼくとだいぶ違う。斎藤氏は言う——「英日の文芸翻訳をしようと思う人は……（中略）……常日頃から正しい日本語を用いることを心がけ、さらに日本の文学作品をたくさん読んで、文学的な日本語のリズムを体得するようにしてください」（『翻訳の作法』20頁）。うーん。このアドバイス自体に文句はつけられない……かな？　心配なのは、翻訳する当人が「これぞ文学的日本語」と思い込んでいる日本語に引きつけて訳文を作ってしまうことである。

　さらに斎藤氏は、堀口大學の訳詩を訳詩であると知らない学生に読ませると7, 8割の者がそれを創作であると思い、翻訳とは思わないというエピソードを紹介したうえで、「できることなら、それくらい優れた翻訳家になりたいものです」と言う。

　しかし、詩は別ではないだろうか。**Poetry is what gets lost in translation.** だから訳詩が詩になっているとき、それは訳者の詩になっている。散文の場合、翻訳者はもうすこし引っ込んでいられるように思う。

　引っ込んで、細かいところに心を配っていたいと思う。『エマ』の下線部訳だったら、原文の **her mother** と **a mother** をどう訳し分けるかにも気を遣いたい。『翻訳の作法』19頁が教えてくれるように、後者は「母親（なるもの）」である。阿部訳を見ると「母」と「母親」に訳し分けているようだが、これで読者に分かってもらえる

か怪しい。「世の母親」とでも訳せばだいじょうぶかな。

　翻訳は意訳である。けれども最小限の意訳にとどめたい。情報の出てくる順は可能な限り守りたい。文の数は守れないだろうが、むやみに切りたくはない。翻訳することによって失われるものを最小限にとどめるのと同時に、翻訳することによってくっついてしまうものも最小限にとどめたい。**Translator** は **traitor** である。でも **less of a traitor** となるように努めたい。

　当講座は「我慢する翻訳」を目指します。

2

　　Frank Randall had three sons: Michael, Eddy and Mark. That was fine by him. A farmer whose business is rearing livestock knows that the sums extend to his own offspring. Sons are a good investment. His wife couldn't argue. She'd married a farmer with her eyes open and knew the score. Three sons in nine years at almost exact three-year intervals, and that was that. But she could have done with a daughter to leaven the male dough. So when she became pregnant a fourth time, and a little unexpectedly, she set her hopes high. She even named her Sally secretly to herself. I know because she told me, years later.

　前回は岡目八目でひとの訳文をあげつらい、果ては我慢の翻訳を目指しますなどと地味な大見得を切りました。ああいう気分のよいことだけやってすむとは思っていません。

　今回からイギリスの小説家 **Graham Swift**(1949–)の短篇 **'Our Nicky's Heart'**(*Granta* 69号所収、2000年)を小分けにして訳していきます。まずは冒頭の1段落のみ。

　すぐ気づくのは第3文(**A Farmer . . .**)と第4文が前後と質の違う文になっていることです。なんだかここだけ紙面から凹んでいるような感じさえする。この2文が現在時制で書かれた一般論で、それが直前の第2文「それは彼にとって結構なことであった」の理由づけになっているからです。

　理由づけになっていると結論から述べましたが、第2文と第3文の結束性(構造的なつながり)はけっして緊密ではない。第3文の頭に接続詞の **For** あるいは **Because** を入れることもできるのに入っていません。第3文中に既出の名詞を指す代名詞もない(**his own offspring** の **his** は **A farmer** を指しますから)。わずかに語彙の面

で offspring が第1文の sons と、したがって間接的に第2文の that と、つながっているだけ。

それにもかかわらず第2文から第3文への一貫性（意味的なつながり）が感じられるとすれば、それは第3文以下は第2文の理由づけになっているはずだと読み手の側が推測するからです。

推測が推測にすぎない証拠に、第5文のところで But Frank was not a farmer. と、どんでん返しを食わすことだって可能です。実際には第5文で His wife の his という、Frank を指す代名詞が出てきて読み手はすこし安心し、第6文でフランクが農場主であったことが確認できるようになっている。

つまり、小林英夫や鶴見俊輔の用語を借りるなら、第2文と第3文の「文間」はかなり広い。文間を思い切り詰めようとすれば「それは彼にとって結構なことであった。<u>というのも彼は家畜の飼育繁殖を業とする農場主だったのであり、</u>家畜の飼育繁殖を業とする農場主は……を知っている<u>からである</u>」と書くこともできるからです。

文章を読むということは上の下線部を補って読むことです。それで英語が読める人は訳すときもついそこを補いたくなる。べったり補うのはいくらなんでもやりすぎだと思っても「<u>というのも</u>家畜の飼育繁殖を業とする農場主は……を知っている<u>からである</u>」くらい補いたくなる。

ここが考えどころ、我慢のしどころだと思います。もちろん英語と日本語とでは文間のとりかたも違うし、訳す側の日本語の能力の問題もある。ですから、うまくいかなくて補わざるを得ないこともある。しかし目指すべきは、文間は広いままに残し、それでも日本語の読者が自然に下線部を補って読めるような日本語にすることでしょう。

そのとき細かい配慮が必要になります。たとえば第3文を「家畜の飼育繁殖を業とする農場主は……」と訳すとすこし読みづらくなる。助詞の「は」を使うことによって、フランクについての話をいったん切り上げ、新たな題目を提示しているようにも読めてしまうからです。ちょっとしたことですが、ここを「家畜の飼育繁殖を業とする農場主ならば……」とするだけでだいぶ違う。

補いすぎる、というのは翻訳をしていて陥りやすい落とし穴です。前回に取り上げた『エマ』では、第2段落の後半で女性家庭教師のことが話に出たあと、第3段落第1文で断りもなしに **Miss Taylor** という名前が出てくる。そこを訳して「<u>その人は名前を</u>ミス・テイラー<u>といい</u>、ウッドハウス家の一員として十六年間、……」と補った工藤政司氏の気持ちは痛いほどわかります。でもやっぱり我慢すべきだと思います。補いすぎると原文はあっさりしているのに訳文はねちっこくなってしまう。

　'Our Nicky's Heart' に戻りましょう。第3文については、**whose** に始まる関係代名詞節のなかと **that** に始まる **knows** の目的節のなかの内容上の対応関係を読みとりたい。

　まず、初出の名詞 **sums** に **the** がついていること。これは **rearing livestock** という農場主の仕事のなかに **sums**（計算すること、算盤をはじくこと）が含まれているからですね。そういう読み手側の知識を前提にした言いかたになっている。

　それから **his own offspring** の **own** も大事。やはり **rearing livestock** についての一般的な知識に含まれている「動物の子ども」と対比して「（人間である）自分の子ども」と言っている。

　第3文の **that** 節を直訳すれば「計算は自分の子どもにも及ぶこと」です。ここの **sums** は「算盤勘定」「損得勘定」のように訳してもいいかもしれない。でも「算盤」は日本臭すぎるのでやめました。イギリス人も算盤使うのかな？　などと翻訳の読者に余計なことを考えさせたくない。最後まで残ったのは「自身の子づくりについても損得勘定は抜きにできないこと／損得は度外視できないこと」のような訳しかたでした。しかし、「損得（勘定）」は **sums** に比べて強すぎるような気がしますし、また原文が肯定のところを否定で訳す、いわば搦め手から攻めるのも、得意になってやることではない。

　もう一箇所、訳し手によって訳文が大きく変わりそうなのが第8文、とくにその最後の **to leaven the male dough** という隠喩です。最初はこの文を「とはいえ、ひとりくらい娘がいてもいいと妻は思っていた。男の子ばかりでは殺風景すぎる」と訳しました。動詞 **leaven** の原義は「発酵させて膨らませる」ですが、そこから転じた

「よい変化を与える」という比喩的な意味で使うことも定着しているので、あっさりすませたのです。

しかし原文はさらに the male dough（男の子だけからなるパン生地）という句を繰り出すことによって leaven の原義を活かしています。女の子のいる家庭の柔らかみがパンの焼き上がったときの香ばしい匂いとなって読み手に伝わってくる。ここを訳し落としてはつまらない。

そして隠喩はなるべく隠喩のまま訳したい。「元始、女性は太陽であった」も「元始、女性は太陽のように自らの光で輝く存在であった」と直喩にしたとたん、勢いが削がれる。だからここも「男の子ばかりではただのパン生地みたいなものだから、それを膨らますイースト菌の役割を果たしてくれる女の子がひとりいてもいいと妻は思っていた」というような訳は避けたい。翻訳は説明ではありません。

現在時制で語り手がにゅっと顔を突き出してくる最後の1文 **I know because she told me, years later.** は何でもなさそうですが、考えるべきことがいくつかあります。まず she をどう訳すか。この短篇をすこし読み進むと、語り手がじつはフランクの息子のひとりマークであるとわかります。だとすると、ここの she を「フランクの妻」とか「彼女」とか訳すとやや不自然になりそうだ。

するとこの she を「母」と訳しちゃいたいという気持ちがむくむくと頭をもたげてくる。前回の『エマ』ですと、第2段落にある **from a very early period** を中野康司氏が「十二歳のときから」と訳していますが、この誘惑に負けたわけです。「十二歳のときから」は『エマ』の第5章で出てくる情報なのですから。このような情報の先取りは慎むべきだと思います。翻訳は要約ではありません。

さらに細かいことですが **years** にも注意が必要です。日本語の「数年」「十数年」「数十年」をカバーする言葉なので、どれが適当かを考えなくてはならない。また、どれかひとつを当てはめることで情報の先取りになってしまうこともある。

それから **years later** のまえのコンマ。試訳ではこれを訳文に反映させるために最後の1文を2文に分けました。やりすぎでしょうか。

【試訳】フランク・ランドルには三人の息子がいた。マイケルにエディ、マークである。フランクは満足だった。家畜の飼育繁殖を業とする農場主ならば、自身の子づくりにも計算が必要であると心得ている。息子はよい投資である。妻も文句は言えなかった。苦労を承知で農場主と結婚したのであり、実情は知っていた。ほぼきっちりと三年刻みに九年で息子三人を産み、これでおしまい。とはいえ、ひとりくらい娘がいてもいいと妻は思っていた。男の子ばかりのパン生地をふっくらと焼き上げてくれる酵母がほしい。だから四度目の、そしていささか予定外の妊娠をしたとき、妻はおおいに期待した。おなかの子を心ひそかにサリーと名づけさえした。こんなことを私が知っているのは本人から聞いたからだ。ずっとあとになってから。

3

When Sally turned out to be Nick she put a good face on her disappointment and never made a grudge of it. All the same, I think Nicky must have known he was meant to have been a girl because when he grew up all his emphasis was in
5 the other direction. More than any of his brothers, he was the cocky, reckless young stud and, being such, was indulged like none of his brothers had been — his mother's favourite despite, or because of, not being a girl. She doted on him, I think, more than if he *had* been a girl, while to the males
10 of the family he was always the baby and something of an amusement. Michael, nearly twelve when Nick was born, could almost have felt he could be Nick's father, though in practice the image hardly worked, since Michael seemed not to get around to women till he was past twenty, and then in
15 no great rush.

By contrast, I can remember catching Nicky once in front of the bathroom mirror when he hadn't seen me, running a comb again and again through his hair and giving himself a steady slow burn of a stare. He was only sixteen but he had
20 the looks and the way about him, and he knew it. He wasn't a girl but he got them. As many at least as there were to be had in our corner of the county.

試訳のように訳してはみたものの、いろいろと気になることがあります。

まず、**Nick** と **Nicky** のこと。今回の箇所では **Nick** という名前が3回、**Nicky** という名前が2回出てくる。生まれてきたときのことを話しているときは **Nick** になっているようなので、こちらが本当の名で **Nicky** は愛称なのでしょう。

訳文では「ニッキー」に統一しちゃおうか、という考えが頭をかすめました。この短篇のタイトルは 'Our Nicky's Heart' なんだから……。つい面倒くさくなって単純化したくなる。でも、さいわい「ニック」と「ニッキー」の関係はわかりづらくはない。「ニック」も残すことにしました。

　それに女の子で生まれてくることを母親から期待されていた **Nick** が家族から **Nicky** とよばれるのが面白い。**Nicky** は女性名でもあるからです。しかもニッキーは交通事故を起こして死に、その心臓が女性に移植されることになる。なお、研究社の『新英和大辞典』（第6版）は **Nicky** を女性名としていますが、男性名としても使われます。一例はイギリスのサッカー選手 **Nicky Summerbee**.

　しかし、**Nicky** が女性名でもあるという説明を訳文に盛りこむのはやりすぎだし、フィクションの翻訳では注もうるさいのでなるべく避けたい。となると「ニック」を残した意味がどれほどあるのか。翻訳の読者に余計な負担をかけるだけか。

　原文4–5行目は訳しづらい。簡単な英語だけど **when he grew up** も困る。この **grow up** というのは子供が大人になっていくことだから、児童期＋思春期くらいの幅があるように思う。「成長期」というのが比較的近そうだが、「成長期のニッキーは」とすると「大人になってからのニッキー」と対比しているみたいにも読めてしまうという難がある。ニッキーは17歳で死ぬからです。

　結局「思春期のニッキーは」で手を打ちましたが、納得はしていません。あとにつづく16歳のころのニッキーについての回想を先取りして「思春期」という言葉を出してしまったこと、その「思春期」は **when he grew up** よりも幅の狭い概念であること、平易な英語なのに漢字を並べてしまったこと――本当はやりたくないことばかりです。

　つづく **all his emphasis was in the other direction** のところ、最初は「男っぽくなろう、なろうと躍起になっていた」のように訳しました。原文の **in the other direction** の内容をとったわけです。しかし、つぎの文の **the cocky, reckless young stud** を待たずに「男っぽさ」と最初に総括してしまうのは避けるべきだと思い直しまし

た。その結果が「逆方向に突っ走った」なのですが、不満は残ります。「逆方向に」のところは原文をなぞることができたけど、それにうまくつながる日本語として出てきた「突っ走った」のところで原文から離れちゃった。

「兄たちのだれよりも生意気で向こうみずで女たらしで」のところも原文と感じがすこし違う。この日本語では兄たちとニッキーの生意気度、向こうみず度、女たらし度を単純に比較しているように聞こえる。兄たちも相当に生意気エトセトラであるようにも解しうるし、逆に、兄たちに比べればニッキーは生意気エトセトラだけれども、その生意気度エトセトラの絶対値はたいしたことはないようにも解しうる。もちろん原文でも兄たちとニッキーとを比べてはいるけれど、**the cocky, reckless young stud** と定冠詞がついている。あるタイプのティーンエージャーの典型だったというのでしょう。平凡な兄たちと際立って違うんじゃないか。ひとりだけジェイムズ・ディーンみたいなのがいる感じ。そこが訳に出せなかった。

原文10–11行目の **something of an amusement** もうまくいかなかった。ニッキーのやつ、またあんなことやってるよ、と父親や兄たちが首をふったり、笑ったりするところが目に浮かびます。「いわば笑いの種の提供者」はもうすこし柔らかい訳にしたい。「提供者」がだめ。

第1段落の最後、マイケルが女性におくてだったという箇所も、意味だけとったつまらない訳。ぐずぐずしていてなかなかそこまで手が回らなかったというわけですが、手が回るとか回らないとかいうと、女の人の体に手を回すみたいだしなあ。

第2段落冒頭の **By contrast** も困る。ふつうに訳すと「対照的に、あるときニッキーが……しているところを見つけたことをよく覚えている」となるでしょうが、それだと何と何とが対照的なのかはっきりしなくなりそうです。ことにこの長い1文を2文で訳すとそれがひどくなる。「対照的に、いまでもはっきり覚えているが、いちどニッキーが浴室の鏡にむかっているところを見つけたことがある」となってしまう。それで「対照的だったのがニッキーで、……」としました。でも、できることなら、ここまでいじくりたくはない。

原文18–19行目の **a steady slow burn of a stare** を「穴のあくほど見つめ」としたのもいただけない。英語は常套句でないのが日本語では常套句となったうえ、**burn** の原義も活かされていない。まあ、燃やせば穴があくこともあるので許してください。子どものころ虫眼鏡で手のひらに太陽の光を集めていたら、手のひらから煙が立って驚いた。いまでも跡が残っている。

　原文19–20行目の **he had the looks and the way about him** のところ。「魅力がある」の意の **have a way with one** はたいていの辞書に載っている熟語ですが、**with** の代わりに **about** も入ると教えてくれるのは、手もとにある辞書のなかでは『新英和大辞典』（最初のほうでケチをつけちゃったから、いいことも書いておかなくては）と『ルミナス英和辞典』（辞書は研究社）でした。

　それから **the looks** に **the way** と、ともに定冠詞がついているのは、ふつうだったら一人前の男にしか備わっていないような、女性を魅了するのに十分な **looks** と **way** ということでしょう。その前に **He was only sixteen but** とありますから。

　同じ **but** でも原文21行目の **but** は **not A but B** の **but** です。これを逆接に訳すとおかしなことになります。

【試訳】サリーがニックだったとわかったとき、母親は落胆の色を表に出さなかったし、恨みがましいことも一度だって言わなかった。それでもやはり、私の思うに、ニッキーは自分が女の子になるはずだったことを知っていたにちがいない。なぜなら思春期のニッキーは逆方向に突っ走ったからである。兄たちのだれよりも生意気で向こうみずで女たらしで、そしてそんなふうでありながら、兄たちのだれもしてもらえなかったほど甘やかされた。女の子でなかったにもかかわらず、あるいはそれだからこそ、母親のいちばんのお気に入りだった。もしも本当に女の子に生まれていたら、あれほど溺愛されはしなかっただろう。いっぽう家族の男たちにとってニッキーはいつまでも赤ん坊、いわば笑いの種の提供者だった。マイケルなどニックが生まれたとき十二歳になろうとしていたのだから、父親のような気分になって

も不思議ではなかった。だが実際にはそんな喩えはぴったりこなかった。というのもマイケルは二十歳すぎまで女性と付き合いはじめる様子がなく、二十歳をすぎてさえ急ぐふうではなかったからである。

　対照的だったのがニッキーで、いまでもはっきり覚えているが、一度浴室の鏡にむかっているところを見つけたことがある。私には気づいておらず、何度も何度も髪にくしをとおし、自分自身を穴のあくほど見つめていた。まだ十六だったが、もう充分に男前で雰囲気があり、そのことをニッキー自身知っていた。女の子ではなく、女の子をつかまえるほうだった。それも、すくなくとも私たちの住んでいた片田舎で見つけられるだけの女の子はひとり残らずだ。

4

He never saw me looking at him — too busy with himself. That comb was like a knife with which he was sculpting the last touches to his head, but he put it aside anyway to run a claw of a hand through the results.

When men, or boys, look at themselves like this in a mirror, which way round does it work? Do they see the girl in their own face in the glass, or is the girl inside them, getting the stare and going weak-kneed?

Sometimes it wasn't Nicky who ran that final rough hand through his hair. It was Mum. She'd see him all slicked and preened and she'd go and muss it up for him, just a bit. He got the habit from her.

I was the odd one out in my own way: Mark, the 'clever one', the renegade — or the one with ambition and sense. Michael and Eddy stuck to Dad and the farm, I went to veterinary college. As it turned out, I never became a farmer's vet. I live in Exeter now and my practice is mostly domestic pets. All this might have just earned me the family's scorn — cats and dogs! Guinea pigs for God's sake! But, as things have gone, they're in no position to mock.

今回の第1段落には he が3回、him と himself と his がそれぞれ1回ずつ出てきます。とても付き合いきれません。といってムキになったわけでもありませんが、6箇所とも訳さずにすみました。この場面が直前の段落（前回参照）からのつづきであること、しかも直前の段落にある he hadn't seen me と今回の冒頭の He never saw me looking at him とが、いわばかすがいの両端の役割を果たしていることに助けられました。

人称代名詞はなるべく訳さずにすませたい。しかし訳さなければならないときもあり、そのとき例えば he を「彼」と訳すか「ニッキー」と訳すかという選択を迫られます。この短篇の翻訳では後者の路線を採りますが、理由がじつに情けない。小声で白状しますと、そのほうが楽なのです。

　ここで少々脱線することをお許しください。ときどき「彼」「彼女」を毛嫌いする方がいらっしゃいます。3人称単数の男性と女性を指す語としての「彼」と「彼女」は翻訳用の言葉として明治以降に用いられるようになったのである。もともと日本語になかった使いかたなのである。したがって私は使わない、とおっしゃる方。これが嵩じて、翻訳に「彼」「彼女」を使ってはならぬ、「彼」「彼女」の出てくる翻訳はよくない翻訳である、と主張する方です。

　ぼくはこのような復古主義的規範主義に与する者ではありません。翻訳に便利なものとして開発された「彼」「彼女」をなぜ翻訳に使っちゃいけないのか、ちっともわからない。そのうえ翻訳の世界を超えた日本語一般を考えても「彼」「彼女」はいまではすっかり定着しています。

　第Ⅱ部最初の所信表明演説で申し上げた「直訳に毛の生えたような意訳」と関わりますが、ぼくは翻訳が翻訳臭いのは当然だと思いますし、それが悪いことだとも思いません。いままでの日本語とちょっと違う日本語が翻訳のなかから生まれてきて日本語全体の幅を広げていく。これまでもそうだったし、これからもそうでしょう。

　ただ——ここで話はようやく元に戻ります——「彼」「彼女」は使いかたが難しい。原文に he ときたら、まず訳さずにすまないかを考える。で、やっぱりすまないとなったとき、毎度「彼」でいけるかというと、そうとは限らない。どうしても「ニッキー」としないとわかりづらいときがある。さらに悪いことに、どっちともつかないときがある。当方は生来優柔不断である。「彼」「彼女」を使わないと決めたほうがよっぽど楽なのです。

　第1段落の2–3行目、**with which he was sculpting the last touches to his head** のところは言葉から言葉に移そうとすると難しい。つまり英語の **sculpt** に当たる日本語の動詞を考えて、その目的語に **the last** touches に当たる日本語をもってきて……という手順では道が開けそうにない。こういうときはニッキーが鏡の前で一生懸命髪をとかしている情景を思い浮かべ、その手のくしを小刀に持ち替えさせ、さてこれを日本語で何と言ったものかと考えるほうがうまくいきます。

　第1段落の3–4行目の a claw of a hand というところ。読者がイメージしやすいように「鷲の爪の形にした手」と訳しました。もっとも「鷹」は駄目です——唐辛子になっちゃう。冗談はさておき、claw は鷲のものとは限りません。こんなふうに狭めて訳すのは越権行為でしょうか。

　第2段落は現在時制で書かれた一般論となっています。ここの最後の getting the stare and going weak-kneed を訳していて、自分が前回にやらかした失敗の大きさに気づきました。一般論になっているとはいえ、ここの the stare が前回の a steady slow burn of a stare を念頭に置いていることは明らかです。あそこを「穴のあくほど見つめ」と訳したのが手抜きだとは感じていましたが、どうも思っていた以上に悪い訳だったようです。やはり burn の原義を活かさなくちゃいけない。相手の心をゆっくりと燃え上がらせるような眼差しで見つめた、ということですね。

　過去時制に戻った第3段落で語り手が Mum という言葉を使います。すでに前回の最終段落で、語り手がニッキーと同じ家に住んでいたらしいことは仄めかされていました。いよいよこの Mum によって語り手とニッキーが兄弟であるらしいことがわかります。ですから、前回の第1段落に出てきた his mother と今回の Mum はきっちりと訳し分けなくてはいけない。

　そして最後の第4段落、語り手が Mark であることが明らかにされます。前回の第1段落で、男っぽさを強調するニッキーが兄弟のなかで特別な存在だったことが語られましたが、ここで語り手マークは自分もまた別の意味で（in my own way）変り種（the odd one out）だったと言います。ひとりだけ勉強ができて、十六歳で義務教育を終えたあと（sixth form を経て）大学の獣医学部に進んだのです。これにたいして兄のマイケルとエディ、それから十七歳で死ぬことになる弟のニッキーも leave school at 16 したと考えてよいで

しょう。

　この段落までで、ランドル家についての基本的な情報が出揃いました。語り手は現在 Exeter に住んで獣医をしています。エクセターはデヴォン州の州都で都会だから、獣医の患者もペットが多くなる。この関係が翻訳の読者にわかってもらえるか心配ですね。すると親切心がむくむくと頭をもたげ、「いまでは州都エクセターに住み」とやりたくなる。しかし、ここは我慢しましょう。前回の最後にあった「私たちの住んでいた片田舎」と今回の「いまではエクセター」の対比が伝わってくれることを祈るにとどめたいと思います。

　同じ箇所から、英語の読者は、前回の最後にあった in our corner of the county の the county がデヴォン州なのかな、デヴォン州でなくとも West Country のどこかなんだろうな、と想像をめぐらすことでしょう。この情報を日本語の読者に伝えるためには注をつけるしかない。舞台がイングランド南西部であるということがこの短篇を読むうえでどれくらい重要な情報であるかを考えて、注をつけるか否かの判断をすることになります。

　また、最後の段落では、何も起こらなければこうなっていたかもしれないという might have と、しかし現実にはこうなったという as things have gone の対比が大事ですね。

【試訳】私が見ていることには最後まで気づかなかった——それほど身づくろいに余念がなかった。手に持ったくしが小刀か何かで、彫像の頭部に仕上げを施しているみたいだった。それでも最後にはくしを脇に置き、完成したところに鷲の爪の形にした手をとおす。

　男、あるいは少年が、こんなふうに鏡のなかの自分を見つめるとき、どちら方向に作用するのだろう。鏡に映った顔のなかに女性を見るのだろうか。それとも女性は自分の体のなかにいて、見つめられて膝から力が抜けていくのだろうか。

　最後に荒っぽく手を髪にとおすのがニッキー自身でないこともあった。それをしたのは母さんだった。すっかりめかしこんだニッキーを見ると、わざと髪をくしゃくしゃっとしてやる。ほんのちょっとだけ。

ニッキーはそんなやりかたを母さんから教わったのだ。
　私は私で別の意味で毛色が違った。マーク——「頭のいい子」、背教者。あるいは、抱負があって分別のある子。マイケルとエディは父さんにくっついて農場から離れず、私は獣医学部に行った。結果からいえば、農場の動物を診る獣医にはならずじまいだった。いまではエクセターに住み、患者は大部分が家庭のペットである。こんな仕事をして、家族の嘲笑を買うだけだったかもしれないのだ——犬猫相手だって！　テンジクネズミ？　冗談きついぜ……。ところが、実際はといえば、みんな私のことを笑えなくなってしまったのである。

5

At one time I might even have opted for general medicine. Vets will always seem like thwarted doctors. It's not true of course, and anyway it's different when animals were what you grew up with. I like my practice, my cats and dogs. I
5 like the attachment, the care, their owners have for them. It rests on simple affection, not on a way of life.

Besides, I have a link with human medicine. My wife is a theatre sister at the Devon and Exeter.

All this — I mean remembering Nicky combing his hair in
10 front of the mirror — seems far off now, across a divide. If you'd said to my father even then — it's only sixteen years ago — that one day meat and stock prices would plunge, that one day there'd be talk of 'mad cows', one day he'd only be punishing himself, bringing bull calves into the world just
15 to send them to slaughter, he'd have laughed in your face, looked round at the yard and called you an idiot.

If you'd said to him that one day, soon, what had always been a given, the way a farmer works not just for himself but for what he hands on, wouldn't seem like a given at all but
20 like something teetering on its edge, he'd have called you more than a fool. And if you'd said it wouldn't be so rare for a farmer at the end of the twentieth century to go into his barn with a shotgun and never walk out . . . Well, you wouldn't have said that, even if you'd known.

出だしの一文から始めましょう。仮定法過去完了の **At one time I might even have opted . . .** を高校で教わったとおりに訳すと「ひとところであれば内科医の道を選びさえしたかもしれない」となるでしょうか。それで決定的に悪いわけでもなさそうです。けれど試訳

では「ひところは内科医の道を選ぶことさえ考えた」と、あえて直説法のように訳しました。第Ⅱ部の初回で「直訳に毛の生えたような意訳」が理想だなんて言った手前、この点について釈明しなければなりません。

仮定法過去完了らしい仮定法過去完了、すなわち過去になかった条件を今の時点で仮定して、その帰結を推測する場合は問題がないと思います。たとえば、**With a bit more effort we might have won the match.** なら、「もうすこし頑張れば試合に勝てたかもしれない」ですね。

しかし、同じ仮定法でも、すこし違う使い方があるように思います。たとえば **I remember that day so clearly, <u>it might have been yesterday.</u>** という文なんかはわかりやすい。もちろん、ここでも下線部に対応する条件節を考えることは可能です。「ある日についての記憶がこんなに鮮明で、その記憶の鮮明さだけを基準にしてそれがいつのことであったのかを決定しようとすれば」とか。でも、この文では仮定とその帰結の推測が大事なのではない。やけに鮮明な記憶という伝えたい事実があり、それをどう表現するかの問題です。で、こういうとき、日本語ではふつう「あの日のことは本当にはっきりと覚えている。<u>まるで昨日のことのようだ</u>」くらいの言いかたになる。

これよりはすこし微妙ですが、今回の冒頭の文もまた、「獣医になろうか人間の医者になろうか迷っていた」という過去の事実を述べているのであり、起こらなかった過去について現在の感慨に浸っているのとは違います。これを「ひところであれば……」と訳して仮定を強調することは、反実仮想する現在の自分に重心をかけることであり、原文から離れてしまう気がします。ぼくの感じでは原文の重心はあくまで過去にあり、その過去の事実をむしろ淡々と述べている。「ひところであれば」ではなく「ひところは」だと思います。

つぎに同じ第1段落の **Vets will always seem like thwarted doctors.** のところ。この **will** は **Boys will be boys.** の **will**、つまり「習慣・習性」を表す **will** ですね。それから、**thwarted doctors** は「医者のなりそこない」と訳しました。ジャーナリストや批評家の心

のなかには **thwarted novelists** が住んでいる、というような言いかたを見たことがあります。**It's not true of course!**

　原文10行目の **across a divide** を「大きな川の向こう側」と訳したことについても言い訳が要るのですが、困っています。最初は「境界線の向こう側」として、しかしこれではひょいとまたげば戻れちゃいそうだなと思い直し、越すに越されぬ大井川になってもらいました。ところが、**divide** を辞書で引いてみると北米の用法ですが、「分水嶺」というのがあるではないですか。箱根八里のほうであったか!?　慌てて英語を母語にする同僚に尋ねてみると、やはり川をイメージするという答えですこしだけ安心しました。

　OED を見ますと、この言葉を「生死の境」という意味で使うことがあるようです。また、同じ「生死の境」の意で **the Great Divide** という言い回しがあることも知りました。生死の境なら三途の川であろうと意を強くしましたが、この **the Great Divide** にも「北米大陸分水嶺」の意があります。いったいどれくらいの人が川を思い浮かべ、どれくらいの人が山を思い浮かべるのでしょう。

　同じく第3段落の 'mad cows' を日本語では恐らく「狂牛」と訳さざるを得ないのはすこし残念です。この英語は「狂牛病」というよりも、その病気に罹って立てなくなった哀れな姿の「うし」そのものを思い出させますから。「ギュウ」じゃなくて「うし」です。それが訳にうまく出せない。

　その直後の **bringing bull calves into the world** を「牛に子を産ませておいて」としてしまったのは、訳者の力不足。原文からは農家の人が牛のお産を手伝っている場面が目に浮かぶ。

　本講座のモットーである「我慢」のしどころが原文20行目にあります。一瞬、**like something teetering on its edge** を「風前の灯」として、「こなれた」訳文をつくりたいという誘惑に駆られるからです。しかし、ここはぐっとこらえ、ゆらゆらと **teeter** しているという原文のイメージを尊重したい。むろん、もしも **teetering on its edge** が **cliché** であり、かつ、その **cliché** 性が重要な場合であれば、日本語も **cliché** を使うべきです。ただし、たとえ **cliché** であっても、その **cliché** 性よりも、**teeter** しているというイメージのほうが

翻訳＋α 英語小説翻訳講座 II

大事なときもあります。

　最後の2段落で頻繁に使われている you については、次回にまたお話しします。このいわゆる総称用法の you は、日本語に訳すさいには訳さないのがいちばん。ただ、今回の試訳では、この you が I と書いてあった場合と区別がつかないことに不満が残ります。原文は I ではなくて you を使い、そのぶん一般性を高めた物言いになっている。それをほんのすこしでも訳文に反映させたくて、原文最後の仮定法過去完了の一文を、試訳では仮定法過去のように訳しています。小細工を弄しすぎでしょうか。

【試訳】ひところは内科医の道を選ぶことさえ考えた。獣医というのはどうしても人間の医者のなりそこないと見られがちである。もちろんそれは本当ではないし、だいいち子供のころから周りに動物がいた人間の場合はまた別だ。私は私の患者たち、つまり私のところにくる犬や猫が好きである。犬や猫に飼主が示す愛着、気づかいが好きである。それが純然たる愛情に発していて、生計とは関係がないからだ。

　それに、人間の医療とのつながりもないわけではない。妻が手術室付看護婦としてデヴォン・アンド・エクセター病院に勤めている。

　こうしたこと――というのはつまり鏡の前で髪をとかしていたニッキーの思い出だが――それがもうはるか彼方の、大きな川の向こう側の出来事のような気がする。もしあの頃にでも――たった十六年前である――そのうち食肉と家畜の価格が暴落するんだよ、そのうち「狂牛」の話で持ちきりになるんだよ、そのうち父さんも罪の意識に苛まれるようになるんだよ、牛に子を産ませておいて、生まれてきた子をそのまま処理場送りにするはめになるんだから、そんなふうに父に言ったとしたら、父は面とむかって笑いとばしたことだろう。納屋や家畜小屋の並んだのをぐるりと見回して、おまえ頭でもおかしくなったんじゃないかと言ったことだろう。

　そのうち、近い将来に、これまでずっと当たり前だったことがだよ、つまり農場主は自分のためにというだけじゃなく、農場をつぎの世代に残すために働くのだということが、ちっとも当たり前に思えなくな

るんだよ、ゆらゆらといまにも倒れそうなものになってしまうんだよ、そんなふうに父に言ったとしたら、父は馬鹿も休み休み言えと言ったことだろう。そしてもし、二十世紀の終わりには、農場主がショットガンをぶらさげて納屋に入ったきり、二度と出てこないということが、さほど珍しくなくなるんだよ、そんなふうに言ったとしたら……。まあ、そんなことは言わないものだろうけれど。たとえ知っていたとしても。

6

I didn't know. I couldn't read the future. I just went my own way. What happened to Nicky clinched it. Now it seems, of course, except to my mother, that I was the traitor, the deserter, making my escape safe, leaving a sinking ship.

Nicky was no girl. When he was seventeen he somehow scraped together the cash to buy a six-year-old Yamaha on which he careered round the lanes and burned up and down the main roads, discovering, I think, that for all its throb and roar — what could you expect with the money he'd paid? — the thing was pretty short on power. Michael and Eddy would never have been allowed to do this, nor would I, if I'd wanted, but with Nicky it was somehow all right. Somehow it went with Nicky. Mum would have hated stopping him having his own way — he could twist her round his finger. All the same, I could see her dreading the worst, and it happened.

As far as we know, he tried to overtake a lorry and cut in before the bend, but he didn't judge the speed, or didn't have it, and the wet road was against him. After the accident it was a matter of less than two days before he was dead, but those days were like months, they were like a shift into a different time, a different world, one in which the farm and all that sure sense it could give you of how things lived and died, safe in the bosom of the land, didn't count for a thing. Nicky was in his own little lost bubble of a world, held there by tubes and drips and wires, and the man who was in charge of Nicky and was seeing us now was carefully trying to explain that, because of the brain injury, Nicky would never regain consciousness again.

前回も出てきましたが、今回も、人一般を指す you が出てきます。9行目と22行目です。総称の one の口語版という感じの you ですね。この you をおおむね理解するまでに長年月を要した人間として、ぼく自身がどのような理解と誤解の諸段階を踏んできたか、お話しせずにはいられません。

　中学のころ、文法書を読んで you に総称用法のあることを知ったのが第一段階です。なぜ2人称の代名詞が人一般を指すことになるのかさっぱりわからない。きっと話者は神様のような別世界の人なのだ。そして you は「一般の人」なのだから全人類にちがいなく、だからこれを使うのは、普遍的な真理を述べる格言などの場合に限られるのだろう……。というわけで、**You never can tell.** とあれば「先のことはわからないものだぞ、お前たち」と天から声が聞こえてくる気がします。

　しばらくして、文字どおりに神の声でなくても構わないのかもしれないと思い始めました。それでもやはり、この you を使う人は高いところから教え諭しているのだろうと考える。いくら「人一般」だと言われても、you は you なのですから、そこに話者自身も含まれるということがなかなか受け入れられない。いまだ第1段階です。

　この you には話者自身も含まれること、またこの you は非常に一般性の高い真理を語る場合でなくても使えること、そのへんがやっと腑に落ちたのは大学か、大学院のころでした。たとえば **You never can tell what Emily is thinking.** という、エミリーを知らない人には無関係の事実を述べるときにも使えることが呑み込めました。

　これで第2段階。とは言いましても、第2段階のまだ前期でして、上の文はエミリーを知っている人にむかってしか使えないと思っていました。エミリーが話者と話し相手との共通の知人である場合にしか使えないと思っていた。

　けれどもそうではないらしい。*OED* の例文に、**The slope [is] so rapid that you can scarcely find footing when once off the beaten road.** というのがあります。こういう文に出くわすと、そうおっ

しゃっても、わたしはその斜面に行ったこともございません、と言いたくなっちゃう。今回の第3段落の you もそうですね。語り手は **all that sure sense it [= the farm] could give you of how things lived and died, safe in the bosom of the land** などということを言うけれど、言われた側は、あいにく農場育ちじゃないものでわかりかねます、と言いたくなる。でも英語ではこういうふうにも you を使う。話者が自分自身の経験に立脚して、「あなた」もあの斜面を歩いてみれば、「あなた」も農場で暮らしてみれば、本当だとわかるはずです、と相手を自分の味方につけようとする。

　第3段階は第2段階と質的に異なる理解が求められるわけではありません。ただ、斜面の例文を極端に押し進めたケース、つまりすくなくともふつうに考えると you に該当する人が非常にすくないか、あるいはまったくいないと思われるケースのあることを知るに至ります。

　たとえば、**It wasn't a bad life. You got up at seven, had breakfast, went for a walk. . . .** という文を考えてみましょう。ちょっと意地が悪いのですが、コンテクストを与えずにこの文を日本人の英語学習者に見せますと、まず間違いなく、これが「あなた」の過去の一時期の生活について話者がコメントしている文であると解します。当然ですよね。そこで、もうひとつの可能性があるのですけれど、と助け舟を出します。それでピンとくるのは相当に英語に親しんでいる方です。

　もうおわかりのように、この文は話者自身の過去の一時期の生活を回想している文なのです。斜面の例文なら、その斜面に行ってみればわかるでしょう。農場の場合なら、農場で暮らしてみればわかるのかもしれない。でも、他人の過去の生活を経験することは不可能です。それでも英語ではこんな言いかたをする。自分自身しか知らない経験を話しながら、主語を you とすることで、相手を自分の立場に立たせ、相手を引き込んでいく。このあたりまでわかったとき（*tempus fugit*, 少年老い易く）ぼくは30歳近くになっていた！

　さて、この you は翻訳のさいに訳さないのが常道です。ただ、**we** や **I** を採らずに **you** を採ったという原文の選択が訳文では消えて

しまう。この相手の同意を取りつけようとする若干甘えた口調を訳す方法はないものでしょうか。

なお、7時起床、朝食後散歩の例文は、ロングマンの *A Comprehensive Grammar of the English Language* から拝借しました。同書第6章第21節は総称の we, you, they がそれぞれの原義を失ってはいないこと、したがって用法に違いのあることをわかりやすく説明しています。これを早くに読んでいればなあ。

【試訳】知っていたわけではなかった。未来が見えていたわけではない。私は選んだ道を進んだだけだ。ニッキーの身にあんなことが起きて迷いも吹っきれた。もちろん、いまとなってみれば、母以外には私のしたことが裏切り、逃亡と見えるだろう。自分の脱出経路だけ確保して、沈む船から逃げたというふうに。

ニッキーが女の子だなんてとんでもなかった。十七のとき、どういうふうにしたのか金をかき集めて六年落ちのヤマハを買い、それにまたがって田舎道を疾走して回り、幹線道路を行ったり来たり、ぶっ飛ばした。私の思うに、ニッキーも気づいたにちがいない。エンジンの振動と爆音のすさまじいわりに——ニッキーの払った金額を考えれば当然だが——バイクはかなり馬力不足だった。バイクなどマイケルやエディだったら絶対に許してもらえなかったはずだ。私でも同じだっただろう。そんなことを私が望んだとしての話だけれど。しかし、ニッキーだと、どういうわけかいいことになった。どういうわけか、ニッキーだと通ってしまった。母さんはニッキーがしたいようにするのを邪魔する気になれなかったのだ。ニッキーにかかると母さんはいちころだった。それでもやはり、母が最悪の事態を恐れていることはわかったし、実際その最悪の事態になったのだ。

私たちの知る限りでは、ニッキーは追い越しをかけ、カーブの手前でトラックの前に入ろうとしたらしい。しかし速度の判断をしなかったのか、それとも速度がなかったのか。それに濡れた路面も災いした。事故が起こると、わずか二日と経たずに死んでしまった。しかしその二日がふた月みたいで、別の時間、別の世界に移ったみたい

だった。移った先の世界では、農場も、そして生き物は大地に抱かれ生きて死んでいくのだという、農場の与えてくれるあの確かな感覚も、まったく意味を失っていた。ニッキーは泡に包まれたようにして、私たちの手の届かない一人だけの小さな世界にいて、チューブやら点滴やらコードやらによってそこに繋ぎとめられていた。そしてニッキーの担当で、そのとき私たちと面談していた医師は、言葉を選びながら説明に努めていた。脳にこのような損傷がありますので、ニッキーさんがふたたび意識を取り戻すことはありません、と。

7

There was only one decision to be made.

They found us somewhere to sit, to think it through. It was three o'clock in the morning. As if we could think. There are times when a family has to cling together but those same times can make a family seem like a pretty clumsy piece of apparatus. The tubes going into Nicky seemed more efficient. Dad looked at me as if maybe I should pronounce — as if being in my final year at vet college gave me an authority in situations like this. Anyhow, hadn't I always been so keen to show it? That I was the one with the brains in the family? He started to shake his head slowly and mechanically from side to side.

Then Mum, who was drawing every breath like some long, deep adventure, took Dad's hand, squeezed it and they got up. They asked me to go with them — as if I should be some kind of interpreter — and I saw Michael and Eddy shoot me looks I'd never seen them shoot me before but that I realized they must have been giving me all my life behind my back. I'll never know what they said to each other, left by themselves.

Back with the doctor, Dad looked at Mum first, then he cleared his throat and said that we understood. I never heard him say anything further from the truth.

And that should have been the end of it. But the doctor said there was another doctor who wanted to speak to us, he was on his way. He glanced at his watch.

ついに年来の悩みを打ち明けるときがきました。悩みはふたつ、時制（→第Ⅰ部「時制」の項参照）と話法です。

原文と試訳を突き合わせていただくと、過去時制が現在時制に化

けているところがありますね。まず、第2段落の最初の2文「どうぞゆっくりお考えください、と……見つけてくれる。それが午前三時である」と、最終段落の第2文「ところが医師は、……と言う」について考えます。

よく言われることですが、原文で過去形がつづくのをそのまま機械的に訳すと訳文は「……た（だ）」が連なって単調になる。けれども日本語では過去について書くときでも律儀に過去の助動詞「た（だ）」を使いつづける必要はない。と、ここまではよい。よいのですが、これは文末の単調さだけの問題でしょうか。

第2段落の頭では、ニッキーの生命維持装置を外すという決断を迫られた家族が、どうぞこちらでおかけになって、ゆっくりお考えくださいと言われます。つづいて It was three o'clock in the morning. As if we could think. という短い2文が畳みかけられる。つまり3文でひとつの状況を説明している。この3文を「……た。……た。……た」とすべて過去形で訳すと、1文ずつの完結性が強く出すぎるように思います。

やっとの思いで決断をした途端、別の医師との面談を求められる最終段落の場面もまた、前後の結びつきが緊密です。ここも「……終わりのはずだった。ところが医師は……と言った。医師はちらと腕の時計に目をやった」とすると、ぱらぱらした感じが強くなりすぎるように思うのです。

もちろん、文と文とのつながりのよさは文末詞の選択にのみ依存するわけではありません。試訳でも、第2段落の第2文「それが午前三時である」の「それが」と、最終段落の最後の文「そう言って、ちらと腕の時計に目をやった」の「そう言って」とが、やはり文と文の間を詰める役割を果たしています。

どのような場合に、どのような手段で、どの程度まで、文と文との結束性を高めてやるのが妥当なのか、いまだに明確な基準を立てられません。一回、一回、悩みます。

時制についてはほかにもいろいろとあります。第2段落の第4文 There are times when . . . は一般論なので現在時制ですね。そして第5文で過去時制に戻る。英語ではそれですむようですが、試訳の

第5文では「そのときも、ニッキーの体に挿し込まれた管のほうが……」と「そのときも」を補って時制の切り替えを鮮明にしました。

第3段落の最後の文は **I'll never know ...** と未来形ですが、これをただ「……私には知りようがない」と訳すだけで足りるでしょうか。試訳では「……私には死ぬまで知りようがない」と、原文で軽くneverとあるのを「死ぬまで」と強調しました。

第4段落の最後の文 **I never heard him say ...** を「……を口にする父は見たことがなかった」とすると、まるで **I'd never heard him say ...** を訳したみたいになってしまう。そこで「……を口にする父は後にも先にも見たことがない」としました。

どうやら、英語では時制を助動詞と動詞でかなりはっきりと表現することができるのにたいし、その仕事を日本語で助動詞に任せようとすると荷が勝つらしい。ことに現代の日本語では、たとえば過去を表す「き」「けり」、完了を表す「つ」「ぬ」「たり」「り」といった古い助動詞が消え、過去も完了も「た」に一本化されています。いきおい副詞文句の果たすべき役割が大きくなる。と、大筋ではそう考えるのですが、個々のケースでどの程度まで副詞文句を補うべきか、やはりつねに悩みます。

話法については次回もお話しする予定ですが、原文が自由間接話法(描出話法)のときはもちろん、間接話法のときでも、直接話法的に訳したくなることがすくなくない。これは確かです。もうちょっと大胆になって、直接話法的に訳したほうがうまくいくことがすくなくないと言ってしまっても構わない。

ただ、直接話法的にばかり訳すと文章が安っぽくべたつきますから、我慢も少々必要です。今回ですと、最終段落の第2文は意識して間接話法的に訳しました。ほかの箇所でずいぶんと派手に直接話法を利用したからです。

たとえば第2段落の第6文 **Dad looked at me as if maybe I should pronounce — as if being in my final year at vet college gave me an authority in situations like this.** は、もうすこし間接話法に近く訳すことも可能でしょう。なのに「父さんが私のほうを見て、お前が判断したらどうだという顔をした——こんな状況では獣

医学部の最終学年にいるお前に決定権があるとでもいうように」と直接話法的に訳したのには理由があります。それは直後の2文でも父親の内心の言葉がつづき、自由間接話法で書かれている。おそらくこの2文は直接話法的に訳すよりほかに手がない。だとすると、そことの接続をよくするために、直前の第6文も直接話法的に訳すほうがよい、という結論になったのです。

　第2段落の第1文 **They found us somewhere to sit, to think it through.** は「どうぞゆっくりお考えください、と腰を下ろせる場所を見つけてくれる」と訳しました。これは **They** を訳さなかった代わりに、「どうぞゆっくり……」という台詞によって「病院の人」の存在をはっきりさせたのである。というのが、じつはあとから考えついた言い訳です。でも、やりすぎだったかもしれません。

【試訳】下すべき決断はただひとつだった。

　どうぞゆっくりお考えください、と腰を下ろせる場所を見つけてくれる。それが午前三時である。考えられるはずがなかった。家族には一致団結しなくてはいけないときがあるが、そのいざというときに臨んで、家族というのがずいぶんとお粗末な装置に思われることがある。そのときも、ニッキーの体に挿し込まれた管のほうがまだしも役に立っているように思われた。父さんが私のほうを見て、お前が判断したらどうだという顔をした——こんな状況では獣医学部の最終学年にいるお前に決定権があるとでもいうように。それに、お前は小さいころからひけらかしたがったじゃないか。家族のなかで頭がいいのは自分なんだと。父さんは首を左右にゆっくりと、まるで機械仕掛けになったみたいに振りはじめた。

　すると、ひと呼吸、ひと呼吸が何か長くて深い冒険であるかのように吸っては吐きを繰り返していた母さんが、父さんの手を取ってぎゅっと握り締め、そしてふたりで立ち上がった。お前も一緒に来ておくれと——通訳か何かになってくれとでもいうふうに——両親から求められ、そのときマイケルとエディが矢のような視線をよこしたのが目に入った。それまでは気づいたことがなかったが、兄たちは私

に見えないところから日々こんな視線を送っていたにちがいないと了解した。ふたりだけで残された兄たちがいったい何を話したのか、私には死ぬまで知りようがない。

　ふたたび医師のところに行くと、父さんはまず母さんの顔を見て、それから咳払いをひとつして、わかりましたと告げた。あれほど本心とかけ離れた言葉を口にする父は後にも先にも見たことがない。

　そしてそれですべて終わりのはずだった。ところが医師は、もうひとり私たちに話のある医師がいて、いまこちらにむかっているところだと言う。そう言って、ちらと腕の時計に目をやった。

8

At that moment, I remember, a sudden light came into my mother's face and I realized later that she must have thought for a few wild seconds that this other doctor was some super-special specialist who had overruled the first doctor and was coming to tell us that, after all, Nicky could be saved. But the second doctor said that he understood what we must be going through but in these situations more than one decision had to be made. He had his own careful way of saying what he said next — it must have come from training and practice — but the gist was that Nicky was (he didn't say 'had been') a very healthy young man and we should consider whether his organs should be made available to others.

In particular, the heart.

In my memory of that night I try to keep to the essentials, to remove the daze of sheer shock and amazement in which everything occurred, the dither of secondary complications, like those looks from Michael and Eddy.

In such a situation — to speak like an outsider — there are two opposing arguments. First, that only the victim has authority over his own body and since the victim is beyond all power of intelligence, how do we know that he would have been willing? (I'm sure it never entered Nicky's mind.) On the other hand, how do we know, if we suppose the victim were able to judge his own situation, that he would *not* be willing?

Time, of course, was of the essence.

2008年5月に安西徹雄氏が逝去されました。面識はございませんでしたが、お名前は28年前から存じ上げておりました。毎月買っ

ていた（嗚呼30年の計なる哉！）『翻訳の世界』の1980年2月号から安西さんの「翻訳英文法」が始まったからです。この連載から英語と日本語について多くを学びました。

　今回お話しする話法についての基本は「翻訳英文法」の第15回「話法（1）」に書かれているように「……日本語では直接話法を生かすことが効果的であるように思える。というのも日本語は、ある具体的なコンテキストに即してものを言う傾向が強いからで……」ということになるでしょう。なお、「翻訳英文法」はのちにまとめられ、『英文翻訳術』（ちくま学芸文庫）となりました。

　簡単な例として He said, 'I am happy.' が変じた He said that he was happy. を考えましょう。これを「彼は幸せだったと彼は言った」と訳したら誤訳ですね。英語の主節と従属節とのあいだに認められる「時制の一致」が日本語では起きないからです。この点は決定的に違う。そこを改めると「彼は幸せだと彼は言った」となります。

　つぎに気になるのが人称代名詞です。このままだと彼が二人いるみたいです。「……と言った」とする限り、彼の発した台詞自体のなかに「彼」という語があったように聞こえる。そこで「自分は幸せだと彼は言った」と直します。

　これでよさそうですが、「自分は幸せだ」の部分が彼の発した台詞そのものに聞こえることに変わりはない。なんだか昔の軍隊かいまの運動部みたいです。「軍曹殿（コーチ［先輩］）、自分は幸せで（ありま）す！」　それじゃあ「自分」はやめて「私」にしようじゃないの。というわけで「私は幸せだと彼は言った」に落ち着く。なーんだ、鍵括弧がついていないだけの直接話法じゃないか。安西さんが「翻訳英文法」でおっしゃるとおり、「日本語では厳密には間接話法は成り立たない、ということになるかもしれない」。

　まとめると、つぎのようになるでしょうか。（1）時制の面では、英語の間接話法に相当する日本語を書くことはできない。（2）人称代名詞の面でも、英語の間接話法は直接話法に引き直して日本語に移すことになる。もっとも、人称については、お手上げというわけではありません。たとえば He said, 'I am happy.' の化けた He said that he was happy. であれば、「彼は彼自身のことを幸せだと言っ

た」というように英語の間接話法性を生かした訳文も工夫できなくはない。

さて、今回ですと、第1段落の第2文が But the second doctor said that... と間接話法を採っています。そこを試訳では「しかし二人目の医師は、ご家族の皆さまの心中お察しいたしますが、こうした状況では、もうひとつお決めいただかねばならないことがございます、と言うのだった」と、鍵括弧がないだけの直接話法で訳しました。

同じ箇所を間接話法性を残して訳そうとすると「しかし二人目の医師は、私たち家族の心中を察するが、こうした状況では、もうひとつ決めるべきことがある、と言うのだった」というような訳文になりかねません。

比較しますと、鍵括弧がなくても直接話法のほうが被伝達部の始まりがずっとわかりやすい。「ご家族の皆さま」で調子が変わるからですね。間接話法の場合、英語では従属節を導く接続詞thatがキューになりますが、それがない日本語では被伝達部が長いとその始まりが見えづらくなる。

また、間接話法的に訳したほうを読むと（訳した本人でさえ）「もうひとつ決めるべきことがある」というのが2人目の医師の台詞のような気がしてならず、礼を失した口調なのでは？ などと心配になる。

間接話法的な訳文において上記2点の問題を解消するためには、「しかし二人目の医師は、私たち家族の心中を察する旨、けれどもこうした状況では、もうひとつ決めるべきことがある旨を告げるのだった」と、間接話法であることを伝達部で明確化するくらいしか手がなさそうです。その結果は、かなり堅苦しい訳文になる。

英語では間接話法の被伝達部からある程度正確に実際の台詞が復元できるように思います。2人目の医師は **I understand what you must be going through but in these situations more than one decision has to be made.** と言ったと考えて実際から大きく外れてはいないでしょう。しかし日本語では1人称にしても2人称にしても代名詞はひとつではありません。敬語も使う。文末詞もいろいろ

ある。つまり日本語の場合、間接話法的な伝達は、なまの台詞を推測することを英語の場合よりも難しくする。そのぶん、言葉から精彩が失われ、素っ気ない印象が強くなります。

現在のぼくの方針は、被伝達部が比較的短いときで、しかもここは訳文が堅くなって構わないと判断した場合にだけ、間接話法性を出して訳すというものです。前回の最終段落がその例でした。

なお、今回の第1段落の最後のほう、**but the gist was that ...** 以下は、何しろ the gist（要点）なのですから、間接話法性を残して訳すべきところです。時制はどうしても英語と違ってきますが——ですから原文の 'had been' は間接話法ですが訳文では直接話法にせざるを得ません——、かといって医師の実際の台詞のように訳してはまずい。

【試訳】その瞬間、いまでも覚えているが、母の顔にさっと光が射し込んだ。そしてこれはあとになって気づいたことだが、母は数秒のあいだ頭に血がのぼり、こう思ったのにちがいない。もうひとりの医師というのは超専門の専門医か何かで、主治医の判断を覆したのであり、結局ニッキーの命は救うことが可能である、そう告げるべくこちらにむかっているのだと。しかし二人目の医師は、ご家族の皆さまの心中お察しいたしますが、こうした状況では、もうひとつお決めいただかねばならないことがございます、と言うのだった。この医師もまた言葉を選びながらつぎのことを説明したが——訓練と経験の賜物にちがいない——、要するにニッキーは非常に健康な若者であるので（「でいらっしゃったので」とは言わなかった）、その臓器を他の患者に提供するか否かを考えてもらいたい、ということだった。

とくに、心臓である。

あの夜のことを思い出すにあたっては、主要な事実に限るよう努めている。つぎつぎといろいろなことが起こるなか、極度の衝撃と驚愕とからくる茫然自失、そして例の兄たちの視線といった二のつぎ三のつぎの面倒からくる周章狼狽、それらについては省きたい。

そのような状況では——と局外者のような口をきくならば——対

立する二つの考えかたがある。一方では、死に瀕した者自身のみがその体についての決定権を持つのだと論じることができる。当人が一切の思考力を失っている以上、その者が提供を望んだであろうなどと、どうして知れようか（ニッキーには思いも及ばなかったことにちがいない）。他方、死に瀕した者に自身の置かれた状況を判断することができたと仮定して、その者が望まないだろうと、どうして知れようか。

　もちろん、事は急を要した。

9

　I remember looking at my parents and thinking there simply was no readiness for this. The one decision, or inevitable acceptance, was enough — too much. Now this. I remember too how they began to look suddenly like guilty, disobedient parties, placed more and more, as each moment passed by, in a position of blameworthy obstinacy, backsliders who wouldn't come round. They looked like they were under arrest.

　And as more time passed, it changed into something worse. I could see the picture seeping into at least my mother's head (the second doctor hadn't painted it for her but perhaps it was part of his training to let it take shape) of some person, perhaps not very far away, perhaps just down a corridor in this very hospital, some person in a situation, in its way, not unlike Nicky's, some person, in fact, not unlike *Nicky*, a kind of second Nicky, and she was — we were — denying him life.

　自由間接話法（描出話法）について。

　今回の原文第2文と第3文、すなわち The one decision から Now this. までを、ぼくは自由間接話法であると考えました。別の言いかたをしますと、第1文中の thinking の支配は形式的には第1文の終止符までですが、実質的には Now this. まで及んでいると考えて訳しています。そのとき第1文の訳の文末が「と思ったことを覚えている」となることを避け、「と思った」としました。「思った」内容がさらにつづくからです。

　ご存じのように、自由間接話法は直接話法と間接話法の間に位置する中間的な話法であると説明されます。語順、それから疑問符・

感嘆符の使いかたは直接話法の方式に従い、人称代名詞の使いかたと時制とは間接話法の方式に従うからですね。

しかし、自由間接話法が「中間」であると言えるのは上記の点くらいでしょう。ともに伝達動詞を持つ点では直接話法と間接話法とが近く、それを持たない自由間接話法だけが異質です。その結果として、直接話法も間接話法も、人の言葉を伝えていることがはっきりとわかるのにたいし、自由間接話法は地の文との区別がつきづらい。また、発話された言葉を伝えているのか、発話されなかった内心の言葉を伝えているのかも、自由間接話法の場合は見きわめにくいことがある。

地の文なのか自由間接話法なのか、自由間接話法だとして発話なのか内的独白なのか、これを判断するのは、丹治愛氏の言葉を借りれば「翻訳者にとって苦しみにみちた義務であるとともに、このうえない楽しみにみちた特権でもある」(集英社文庫『ダロウェイ夫人』の「文庫版あとがき」)。

さて、ある箇所を自由間接話法であると判断したとき、どう訳すか。丹治氏は同じ「文庫版あとがき」のなかで、自由間接話法は「直接話法に翻訳するのがいいのではないか」とおっしゃる。ぼくも自由間接話法のところはつい直接話法的に訳してしまうほうで、前々回には「原文が自由間接話法のときはもちろん、間接話法のときでも、直接話法的に訳したくなることがすくなくない」と書きました。今回の第2, 3文には人称代名詞がないため、あまりはっきりしませんが、「なのだ」「これだ」と現在時制で訳しているのでわかりますね。

しかし、なぜ自由間接話法は「もちろん」直接話法的に訳したくなるのかと考えると、地の文と区別しやすい無難な訳文を楽につくれるからにすぎないのではないか。原理的には、直接話法的に訳す必要性は自由間接話法のときよりも間接話法のときのほうが高いのかもしれない。前回に見たように、英語の間接話法ときれいに対応する日本語は書くことができないからです。そのことがいちばんはっきりするのが「時制の一致」の点でした。しかし、伝達動詞のない自由間接話法では、時制の面も含め、そのまま地の文のように

訳すことが可能であるはずです。

　ぼくに反省を促したのは、『英語青年』2008年9月号に掲載された米本義孝氏の「『ダブリンの人びと』のリアリズム」でした。米本氏は『ダブリンの人びと』の翻訳にあたり、自由間接話法中の3人称を1人称に戻すことを極力避けたと述べ、その結果読みづらい訳文になったかもしれないと認めたうえで、それでもそのこだわりを捨てきれない、なぜなら「原文が登場人物の内的独白を地の文に織り込んでいるのだから」と結んでいらっしゃる。

　そこで、米本氏も例として取り上げる「イーヴリン」を原文と手もとにあるいくつかの翻訳で読んでみました。原文は自由間接話法だらけで、1人称の代名詞 I はイーヴリンの父親の台詞のなかに1回出てくるのみ。イーヴリンを指すのには一貫して she を使っています。これを結城英雄訳（岩波文庫）はかなり徹底して直接話法的に訳した。訳文中に「わたし」が25回出てきます。それに対して米本訳（ちくま文庫）は「自分」を3回使った以外は「彼女」で通した。この両極のあいだをいくのが安藤一郎訳（新潮文庫）と高松雄一訳（集英社）です。安藤訳は「彼女」を基本としつつも「自分」をかなりの回数使ってくる。高松訳も「彼女」を基本として、ときどき「あたし」を使う。

　読みやすさでは結城訳がぴかーです。米本訳だと頭のなかで「彼女」を「わたし」に置き換えなければならないことがしばしばですし、安藤訳、高松訳は「彼女」と「自分［あたし］」のあいだを揺れて不安定です。

　でも、だからといって簡単に「わたし」を繰り出していいのだろうか。原文では、最後の埠頭の場面までは、夕闇が迫るなか、窓辺でじっと外を見ているイーヴリンの顔がずっと見えていて、そのイーヴリンは黙っている。たしかにその心理が読者に伝わってくるけれど、当の本人が「わたしが……」「わたしが……」と言い募るわけではない。

　『ダロウェイ夫人』の「文庫版あとがき」にたいしても同じような疑問が残ります。丹治氏はウルフの小説は「直接話法の世界」、「登場人物それぞれの声が直接聞こえてくる世界」なのではないか、とおっ

しゃるけれども、やはりウルフの小説は自由間接話法の世界なのであり、登場人物の声が間接的に聞こえてくる世界なのではないか。

　米本氏は『ダブリンの人びと』に付した「訳者あとがき」のなかで、こう書かれている——「ジョイスの作品では……語り手の叙述なのか、自由間接話法を使った主人公の内面描写なのかが不明瞭に混ざり合っている場合が多い。しかし、問題は、その言葉や思考がどちらのものかを決めることではなく、主人公と語り手の両方のものととれる点である。この自由間接話法の曖昧性こそ、両者の声を重ね合わせてその結びつきを強めようとするためのジョイスの意図といえよう」。

　そのとおりだろうと思うし、原文の形が透けて見えるような訳文を目指す当講座としては、自由間接話法の自由間接話法らしさをできるだけ残したいとおっしゃる米本氏の肩を持ちたい。けれども、たとえばイーヴリンが自分のいなくなったあとの勤め先を想像する場面の米本訳はこうなります——「……お店の人たちなんて言うかなあ、彼女が彼氏と駆け落ちしたなんて知ったら？　馬鹿だよあの娘、って言うだろうな、たぶん。彼女の持ち場は求人広告でうめられちゃうだろう。……」。つまり she は「彼女」のままにして、しかし口調は完全に直接話法的です。つまり、イーヴリン自身の言葉であることを鮮明に打ち出している。どうしてもこの口調でいくことを選ぶのならば、2つの「彼女」はやはり「わたし」にするか、トルかのいずれかでしょう。しかし、米本氏の「訳者あとがき」の立場からすれば、全体をもっとあっさり、地の文のように訳すべきなのではないか。

　世の中の各種の誘惑にたいするのと同様、直接話法的翻訳の誘惑にたいしても、禁欲が求められる場面はすくなくなさそうです。

【試訳】いまでも覚えているが、私は両親の顔を見て、これはまるで用意ができていないと思った。ただひとつのはずだったあの決断、やむを得なかったあの承諾、あれで限界。いや、限界以上なのだ。そこへ今度はこれだ。そしてこれもよく覚えているが、両親が突然、反

抗的な悪者のように見えてきた。それも刻一刻と、非難されるべき頑固者の役にはまり込んでいく。元の木阿弥になり、ふたたび聞き分けが悪くなった人たち。まるで逮捕された容疑者のようだった。

　さらに時間が経ち、さらに悪いことが始まった。見ていてわかるのだが、すくなくとも母の頭のなかにひとつの像が浸み込んでいく（二人目の医師が言葉で描写してみせたわけではないのだが、そんな像が自然と浮かぶようにすることもまた、受けた訓練の一部だったのかもしれない）。像というのは一人の人間で、それがそんなに遠くにいるわけではないのかもしれなくて、ひょっとするとまさにこの病院の、廊下をちょっと行った先にいるのかもしれない。その人の置かれた状況は、違いはあってもニッキーの置かれていた状況に似てなくもなくて、それどころか、その人自体があのニッキーに似てなくもなくて、いわば第二のニッキーで、なのに母は——私たち家族は——その人の命を救うことを拒んでいる。

翻訳＋α 英語小説翻訳講座 II

10

　We ought to have discussed it with Michael and Eddy. Not sharing it with them might be a bad move, it might only store up permanent trouble. (It did.) But I said nothing and I could see that democratic debate was far from my mother's thoughts. If word had to be given and given quickly, it could only be given under the pressure of whatever imaginings were right then rushing through her head. *Her* head — since I could see that my father was simply going to defer to her. Twenty-five years of being in charge of 400 acres and all that lived on it, generations of Randalls ruling the roost, of which he was the latest heir, hadn't made him capable at that moment of being the one to step forward and speak.

　My mother nodded. She said, 'Yes. OK.' The second doctor left a just measurable pause (that, also, might have been in the training), then nodded too, gave a squeeze to his mouth. There were forms that had to be signed.

　First and foremost, they needed the heart.

　My father walked out of that room a second-in-command, but he had the task, he knew it, of telling Michael and Eddy what had been decided upon without their knowing.

　If you'd said to him, years back, that one day they'd be able to take out someone's heart and put it in someone else, he'd have thought you were crazy too.

　人称代名詞はまず訳さないことを検討する。これはよく言われることですし、この講座の第4回でもそんなことを言い、今回の試訳でも第1文を「マイケルとエディにも相談すべきだったのだ」と訳しました。日本語では **we** も **it** も訳に出さなくてすみますし、出さなくてすむものは出さないほうが得である。いえ、文が締まります。

ついでですから、これらの代名詞をむしろ訳に出したほうがよいと判断した場合のことを考えておきましょう。まず we のみを出すときは、試訳に「私たちは」をのっけるだけの話ですね。

　つぎに it のみを出す場合。いちばんふつうの訳は「そのことをマイケルとエディにも相談すべきだったのだ」でしょうか。でも、この文は段落冒頭の文でもありますし、「そのことはマイケルとエディにも相談すべきだったのだ」とするほうがすわりがよいかもしれません。つまり、「は」に「を」を代行してもらい、「そのことは」と題目を提示する形にする。もちろん、we と it の両方を訳に出す場合は「私たちはそのことをマイケルとエディにも相談すべきだったのだ」でよい。

　よいと言いましたが、本当によいですか？　たしかに、「そのことは……」も、「私たちはそのことを……」も、その文だけ見ている限り、問題ありません。しかし、前回の箇所からつづけて読むとどうでしょう。「そのこと」が、直前の段落で述べられていること、つまり母がいま頭のなかで考えていることを指すように読めてしまいませんか。でも it が指すのは前々回に出てきた「ニッキーの臓器を他の患者に提供するか否か」ですよね。

　このように代名詞 it の訳しかたにはよほど注意が必要です。条件反射的に「それ」「そのこと」と訳すと、原文の it が指すものと違うものを指すことになったり、「それ」「そのこと」がどれ、どのことなのかわからなくなったりすることがある。今回の it を訳出する場合は、「このことはマイケルとエディにも相談すべきだったのだ」、「私たちはこのことをマイケルとエディにも相談すべきだったのだ」とするのがよさそうです。

　第2文にある store up permanent trouble については、*Longman Dictionary of Contemporary English*（Fifth edition）などに当たると store up trouble/ problems etc が定着した表現であることがわかります。それが「禍根を残す」という cliché を使った言い訳ですが、英語に比べて日本語が堅すぎることのほうは言い訳が見つかりません。なお、大修館『ジーニアス英和辞典』（第4版）の store の項、他動詞の第2義にある「〈怒り・悩みなど〉を胸にしまって

おく（+up）」や、『ジーニアス英和大辞典』の store up trouble の訳「トラブルを避けて胸にしまっておく」は誤りです。英語の store up は日本語の「胸に畳んでおく」とは違い、store up trouble ならば「のちのごたごたの種をまく」というようなことですし、store up anger となるとまた別で「怒りを鬱積させる」というようなことです。

　原文7行目。ひとつの文が her head で終わり、それをすぐにつぎの文の頭で受けて *Her* head ときます。この尻取りを訳文でも実現するのは不可能ですが、それでもふたつの her head がなるべく離れないようにしたい。そのために前のほうの文をなるべく訳し下げることに努めました。その結果が試訳の「……それが下されることを可能にする唯一の圧力は、ちょうどそのとき渦巻いているらしかった妄想として母の頭のなかにあった。あくまでも母の頭だった……」です。この訳文と、たとえば「……それはちょうどそのとき母の頭のなかで渦巻いているらしかった妄想の圧力があってはじめて下されうるものだった。あくまでも母の頭だった……」というような、訳し上がった訳文とを比較してみてください。

　原文16行目は自由間接話法と解しました。つまり、医師は口もとに押し当てた手を下ろし、'There are forms that have to be signed.' と言って書類を差し出したのでしょう。前回は直接話法的な訳の濫用に疑問を呈しましたが、その舌の根の乾かぬうちに今回は「ご署名をいただかなくてはなりません、と書類が差し出された」とやりました。ここを「署名すべき書類が差し出された」とすると、医師が無言で書類を差し出したみたいにも聞こえてしまう。

　原文18行目 **My father walked out of that room a second-in-command, but . . .** も「その部屋を出るとき父はいわば副官であったけれども、……」と訳し下げました。接続詞 but が実質的に何と何とを結んでいるかということ、つまり「副官にすぎなかったけれど、その副官には大事な任務があった」という意味のつながりを訳文においても鮮明にしたかったからです（→第Ⅰ部「主格補語」の項参照）。

　第2回のとき、隠喩はなるべく隠喩のまま訳したいと言ったくせ

に、**a second-in-command** という補語のところ、訳文では「いわば」を補いました。節を屈した恰好ですが、この「いわば」がないと日本語の読み手に過大な負担をかけることになると判断しました。

　最後の段落では、ここで使われている **If you'd said to him ... that one day ... , he'd have ...** という形が第5回にも2度出てきたことを思い出し、訳文も前の箇所に合わせました。書き手が同じ言葉、同じ構文を使ってきたときには、できるだけ訳文でも同じ言葉、同じ構文を使いたい。ひとつの織物のなかに同じ模様が繰り返し現れているわけですから。

　今回は、代名詞ひとつにしても、節と節のつながりや文と文のつながりにしても、遠く離れた箇所との符合にしても、部分は常に全体のなかで働いていること、それを忘れずに訳すことを考えてみたつもりです。

【試訳】マイケルとエディにも相談すべきだったのだ。二人に話さなかったのは下手をしたかもしれなくて、長く禍根を残すだけかもしれなかった。(実際そうなった。)しかし私は何も言わなかったし、民主的討論が母の念頭にないことは見ていてもわかった。断が下されねばならず、それも速やかに下されねばならないのであれば、それが下されることを可能にする唯一の圧力は、ちょうどそのとき渦巻いているらしかった妄想として母の頭のなかにあった。あくまでも母の頭だった——父が母の意見に黙って従うつもりでいることは見ていてわかったからである。二十五年にわたり四百エーカーの土地とそこに生きるすべてのものを預かってきた父、幾世代にもわたり農場を守ってきたランドル家の当主である父も、このとき前に進み出て答える役は務められなかった。

　母がうなずいた。そして「はい、結構です」と言った。二人目の医師はかろうじて間を置いたとわかる程度の短い間を置き（これもまた訓練にあったのかもしれない）、それからうなずき返し、口もとに手を押し当てた。ご署名をいただかなくてはなりません、と書類が差し出された。

翻訳＋α 英語小説翻訳講座 II

　何よりもまず、必要とされているのは心臓だった。
　その部屋を出るとき父はいわば副官であったけれども、父自身もわかっていたように、マイケルとエディの知らないうちに決められたことを二人に伝えるという任務を帯びていた。
　もしこの何年か前に、そのうち人の心臓を取り出して、別の人の体に移すことができるようになるんだよ、そんなふうに父に言ったとしたら、父はやはり、こいつ気が触れたなと思ったことだろう。

11

In the subsequent days and weeks my mother's grief went through terrible lurches and swings. She was torn, I know, between the thought that she'd signed away the last living part of her son — what mother could do that? — and the
5 knowledge that part of her son lived on, giving life to another. Wasn't that some small answer to grief? But then, if part of her son lived on in another, wasn't it just a new kind of agony not to know who or where? Wasn't it worse? She had only denied her grief its completion. It was like knowing
10 someone was missing but never knowing, finally, that they were dead. Or knowing they were dead and never knowing the whereabouts of the remains.

　As for my own grief, I kept it suppressed, even vaguely concealed, like something that had an edge of shame. My
15 mother had taken on for herself a pitch of anguish that none of the men in her family could match.

　The heart, what is it? It's a piece of muscle, a pump.

　今回の第1文は案外に訳しづらいものでした。まず **in the subsequent days and weeks** ですが、そのまま訳すと「以後の数日、数週間」でしょうか。でも、どうもしっくりこない。英語の **days** に比べ、日本語の「数日」は短い感じがする。手もとの国語辞典を引いても「二、三日から五、六日程度の日数」とある。「数日」が「一週」へ、さらに「数週」へとつながっていく気がしません。

　やや砕けた感じになる「以後何日も、何週も」や、やや古めかしくなる「以後幾日も、幾週も」のほうが、助詞の「も」が使えるぶんましかもしれません。しかし、「日」から「週」へのつながりが悪いという印象は拭いきれませんでした。

結局、この母の悲しみが数カ月つづくことを作品のすこし先で確認したうえで、「以後の数週、数カ月間」としました。でも、この種の情報の先取りは本当は避けたい。ならば、ただ「以後の数週間」とだけ訳しておくか。しかし、それでは最初予想していたよりも期間が延びていく感じが出ない。あちらを立てればこちらが立たぬ、とはこのことです。

　つづく my mother's grief went through terrible lurches and swings も訳し手によって訳しかたが分かれそうです。ひとつ言えるのは、論理を積み重ねるのではなく、ひとつのイメージを伝えようとしている文の場合、訳し手自身が明確なイメージを持つことが大事だということです。なんとなく my mother's grief から訳しはじめて、つぎに terrible を訳し、lurches を訳し、and を訳し、swings を訳し、最後に went through を訳し、それで日本語になっていたら、その日は余程ついているのであって、宝くじなど買ってみたくなる。

　ぼくは直後の She was torn . . . between . . . and . . . からこの段落の最後までを読み直し、「母の悲しみは振り子となって激しく振れた」としました。やりすぎでしょうか。でも、振り子になってもらうことなしに、たとえば「母の悲しみは大きく激しく振れに振れた」として読み手にイメージがうまく伝わるか心配でした。

　もうひとつ考えられるのは「悲しむ母の心は大きく激しく揺れに揺れた」のような訳しかたでしょう。「心が揺れる」は自然なコロケーションですから、ごく読みやすい日本語になりました。でも、これでは「悲しみで心が大きく動揺した」というような意味、大波に翻弄される小船のようなイメージになりそうです。

　原文が言っているのは、ふたつの気持ちのあいだを行ったり来たりして決着がつかないということですね。あるときは息子の心臓を譲るなんて酷いことをしたものだと後悔し、あるときは心臓だけでも生きていてくれるのは慰めになると考え、あるときはその生きている心臓がいまどこにあるのか知らないのではつらさが増すばかりだ、こんなことなら完全に死んでもらったほうがさっぱりしたと思う。この両極に振れる様子を went through terrible lurches and swings と言っている。

　第2文中にある I know は「私は知っている」と、はっきり訳に出しました。語り手は兄弟のなかで自分がいちばん母親と親しいとしばしば仄めかしていて、今回のここもそんな匂いがする。第2回の I know because she told me, years later. とか、第6回の Now it seems, of course, except to my mother, that I was the traitor, . . . などという箇所を思い出してください。

　第2文の She was torn between A and B. については、なるべく原文の流れを維持して訳し、Bの部分を最後に持ってくるのがよさそうです。第3文 Wasn't that some small answer to grief? の主語 that が第2文全体を指すのではなく、Bだけを指すからです。さらに第3文の that を「そうと知っていることは」と丁寧に訳してはじめて、第2文から第3文へのつながりを訳文に出すことができました。

　むろん、この that は本当はあっさり「これは」くらいですませたい。でも、そのためにはすくなくとも、訳文上Bの部分を独立させることが必要になるでしょう。つまり「私は知っている。母の心は引き裂かれていた。一方では〜と思う。しかし他方では〜と知っている。これは、この悲しみのなか、せめてもの慰めではないか」のように持っていく。しかし、文が細切れになりすぎますし、そのうえ「これは」が何を指すのかについて曖昧さが残ると思いました。

　第2文のダッシュのなかの修辞疑問 what mother could do that? は、自由間接話法で伝えられる母親の自責の念ですね（→第Ⅰ部「言葉のあや」の項参照）。下手に訳すと母親を責める語り手の言葉と誤解されそうに思いました。そこで本当はあまり使いたくない女言葉を使ってこの箇所を訳しました。心配しすぎだったでしょうか。

　原文6行目 Wasn't that some small answer to grief? から、この段落の最後まで、やはり自由間接話法で伝えられる母親の気持ちと解しました。現在時制に引き直しましたが、その他の点ではあっさり訳したつもりです。女言葉は避けました。

　その some small answer のところ、英和辞典的に言えば「解決策」の answer ですが、どうもうまく訳せない。やや cliché の匂い

がするのをよいことに、日本語のほうも「せめてもの慰め」と常套句に頼らせてもらいました。

9行目の **denied her grief its completion.** では deny が2重目的語を取っています。直訳は「自分の悲しみにその終結を与えなかった」ですが、それではあまりに生硬なので「終わるはずだった悲しみに自分は終わることを許さなかった」と訳しました（→第Ⅰ部「動作名詞」の項参照）。「はずだった」のところが its のつもり。

第2段落では14行目の **like something that had an edge of shame** が「恥の痛みを伴うもののように」となりました。いささか生硬な訳文と言わざるを得ません。

原文14–16行目 **My mother had taken on for herself a pitch of anguish that none of the men in her family could match.** の訳文「母ひとりが非常に深い苦悩を抱え込み、家族のなかの男たちはだれひとりとしてその深さに太刀打ちできなかったのである」は、まずこれでよいでしょう（→第Ⅰ部「語順」の項参照）。「程度」の意の pitch のところに「苦悩」と相性のよい「深い」「深さ」を当てることで、うまくいったと思います。

さて、最終行、つまり語り手の独白を訳したところで困りました。第1段落後半の自由間接話法を現在時制に直して訳したため、その部分とこの最終行の調子がそっくりになってしまったのです。第1段落後半は、やはり女言葉を使っておくべきであったのか。

【試訳】以後の数週、数カ月間、母の悲しみは振り子となって激しく振れた。私は知っている。母の心が引き裂かれたのは、息子の体の最後まで生きていた部分を署名ひとつで譲り渡してしまったと思う——最低の母親だわ、あんなことして——のと同時に、息子の一部がいまも生きつづけ、ほかの人に命を与えていると知ってもいるからだった。そうと知っていることは、この悲しみのなか、せめてもの慰めではないか。とはいえ、息子の一部がほかの人の体で生きつづけているのに、それがどこのだれなのかを知らなければ、新たな苦悩がひとつ加わっただけではないか。かえっていけないではないか。終わる

はずだった悲しみに自分は終わることを許さなかっただけだ。ある人が行方不明であるとは知りながら、はっきり死んだとは知らずじまいのようなもの。あるいは死んだとは知りながら、遺体がどこにあるのか知らずじまいのようなもの。

　私自身の悲しみについていえば、私はそれを抑え込みつづけ、それどころか、恥の痛みを伴うもののように、何となしに隠しさえした。母ひとりが非常に深い苦悩を抱え込み、家族のなかの男たちはだれひとりとしてその深さに太刀打ちできなかったのである。

　心臓、それは何だろう。それは一塊の筋肉、それはポンプである。

12

In more recent years, I've come to see my practice, my cats and dogs, as my principal cushion — a solace, a kind of immunization even — against the worst things life can bring. It sounds like mere softness, an evasion, I know. But I think we demean what they give us, the animals we choose to keep by our side, by calling them 'pets'. In those weeks after Nicky's death it wasn't the cows in the shed, with their own lot of doom, that either comforted or troubled me. It was our border collie, Ned, who knew there was a gap, an unclosable space. We all rubbed against each other strangely harshly and cruelly, but we were all of us more tender than we'd ever been with Ned.

It's a regular part of my job to put down animals, to 'send them to sleep'. I never take it lightly. I know that the brave or matter-of-fact face their owners put on things — their 'let's not be silly, it's only a dog' — isn't the whole story at all. Usually, the animal comes to me. Sometimes, because of the circumstances, I have to go to the house. I always take a heavy-duty black plastic sack. After the procedure is over I might be seen off with the same householderly mannerliness with which the man who's fixed the washing machine is shown on his way. But more than once, barely a pace or two down the front path, I've been stopped like a thief in my tracks by the sudden sob, wail even, of genuine grief coming from behind the closed door.

これはいつも思うことですが、訳し上がればいいというものじゃないけれど、かといって訳し下がればいいというものでもない。

英語の勉強法のひとつにスラッシュリーディングというのがあり

ますね。英文を意味の塊ごとにスラッシュで切り、頭から順に読んでいく。英語を左から右へ、上から下へ読む訓練です。言葉は流れに乗って読むのが当たり前であるのに、そして英文を読むためには日本語に訳す必要などさらさらないのに、関係節から訳し上がり、主節に後続する従属副詞節から訳し上がり、ぐるんぐるん逆流して日本語らしきものに置き換えて、置き換えることが読むことだと思っているらしい学生が大学にはたくさんいる。だからこそ、スラッシュリーディングという当たり前の読みかたが、訳読方式で染みついた悪習を unlearn するための方法として持て囃されている。

　さて、こんどは翻訳する場合になりますが、スラッシュリーディング方式の誘惑というのがあります。元来スラッシュリーディングは通訳の訓練法です。翻訳のときも通訳のときと同じように訳してはどうか。今回の冒頭なら、「近年になって私は思うようになった。私の患者たち、つまり私のところにくる犬や猫たちこそ、私にとっていちばんの緩衝装置であると。慰藉であり、さらには一種の予防注射でもあると。人生で遭遇し得る最悪の部類の出来事に立ちむかう上で、である」のように訳してはどうか。

　この方式には訳文に原文の流れが反映されるという長所があります。他方、**slash, slash, slash** なのだから当然ですが、文章をぶつぶつ切ってしまうという短所がある。上例ではもとは1文のところを4文に切り刻み、しかも4文のそれぞれが不完全な、独り立ちできない文になっています。結局、試訳では、原文の息の長さ、粘り気を訳文に反映させることのほうを優先させました。つぎの文とのつながりを見ても、この1文内部での情報の出てくる順番を守る必要性は低い。

　しかし同様に長めである今回最後の1文は、逆に2つに分けて訳しました。「はっとして立ち止まる」→「その原因は泣き声」という流れを維持することを優先させたわけです。原文の **by the sudden sob** 以下はこの段落のいわば **punchline** であり、可愛がっていた動物に死なれた飼主の上げる泣き声が余韻を引く箇所であるからです。

　第1文に戻り、すこし細かい点を見ましょう。原文1–2行目の **my cats and dogs** は「私のところにくる犬や猫たち」と訳しまし

た。まず my ですが、これを「私の」とすると語り手自身が飼っているように聞こえますし、これを訳さないと cats and dogs 一般のようにも解せそうだからです。また、英語では（すくなくとも It's raining cats and dogs. などの決まり文句では）cats and dogs の語順が多いようですが、日本語では「猫犬」ではなくて「犬猫」ですね。この箇所だけなら「猫や犬たち」でも構わなさそうですが、じつは第4回で cats and dogs! を「犬猫相手だって！」とやっています。だからここも「犬や猫たち」の順とする。すっと通っていってほしいところで読み手を立ち止まらせてはいけない。

　原文3–4行目の the worst things life can bring は「人生で遭遇し得る最悪の部類の出来事」としました。英語の the worst things の複数を出すために「最悪の部類の出来事」とし、だから少々重くなった。そのぶん、life can bring のところは訳文に無生物主語を出すことを避け、「出来事に遭遇する」とコロケーションにも気を配り、読みやすくしたつもりです。

　「私のところにくる犬や猫たち」についても、「人生で遭遇し得る最悪の部類の出来事」についても、ひどく瑣末なことを言っているようで気が引けますが、それでもやはり、この辺に神経を使わないと不必要に読みづらい訳文ができあがる。今回のように長い文が多い場合はなおのこと、読み手に余計な負担をかけたくない。

　もうこれ以上は訳文を重くしたくないというときには、I think that ... などの訳しかたにも工夫が必要です。今回であれば、原文4–5行目の ..., I know と I think ... ですね。それから14行目の I know that ... もそう。それぞれ試訳では「……にちがいない」「……のではないか」「……のだ」ですませています。

　よく言われることですが、もとの品詞に拘泥すると訳文がうまく作れません。原文5行目の動詞 choose は試訳では「わざわざ」という副詞に化けました。原文14–17行目の文で know の目的節の内部を見ると face という名詞が主語になっています。この部分を試訳では「どんなに飼主が気丈に振舞っても、割り切った態度を見せても」と副詞節のように訳しました。原文の20行目にある with the same householderly mannerliness は「……と変わりなく家の主人

によって丁重に」となった。原文22–23行目の **barely a pace or two down the front path** は「門にむかって歩きだしてすぐ」です。

　この **front path** はよく見かける言葉ですけれども、ぴたりとした日本語がないように思います。説明的に訳せば「玄関から門までの小道」ですが、第一に長ったらしいし、そのうえ「道」としても、「小道」としても、「通路」としても、どうもしっくりこない。そこで試訳では、前文の最後を「玄関から送り出される」として原文にない「玄関」を出しておき、**front path** のところでは「門にむかって」とやりました。え、**path** ですか？　邪魔者には消えてもらいました。

【試訳】近年になって私は、人生で遭遇し得る最悪の部類の出来事に立ちむかう上で、私の患者たち、つまり私のところにくる犬や猫たちこそ、私にとっていちばんの緩衝装置である——慰藉であり、さらには一種の予防接種でもある——と思うようになった。こう言うと、ただ意気地がないだけ、逃避しているだけととられるにちがいない。しかし、わざわざ身近に置いている動物たちを「ペット」と呼ぶことにより、私たちはその動物たちから得ているものを卑小化しているのではないか。ニッキーが死んでからのあの数週間、私を慰めたり困らせたりしたのは、やはり悲運を背負った牛小屋の牛たちではなかった。それをしてくれたのは、隙間ができたこと、埋められない穴があいたことを知っていた我が家のボーダーコリー、ネッドだった。人間同士は妙にとげとげしく突っかかり合ったけれども、家族のだれもがかつてなかったほどネッドには優しかった。

　動物を安楽死させること、いわゆる「眠らせる」ことは、私の仕事の日常的な一部である。これを私は決して軽く考えない。どんなに飼主が気丈に振舞っても、割り切った態度を見せても——「めそめそするのはよしましょう。しょせん犬です」と口では言っても——それは表面にすぎないのだ。ふつうは動物のほうが私のところにくる。しかし、状況によって先方に出向かねばならないこともある。私はしっかりした黒いビニール袋を必ず持参する。処置が終わったのち、たしか

に私は洗濯機の修理にきた人間と変わりなく家の主人によって丁重に玄関から送り出される。しかし門にむかって歩きだしてすぐ、後ろから声をかけられた泥棒のように、ぎくりと立ち止まったことは一度や二度ではない。閉じられたドアの向こうから突然、偽りのない悲しみの嗚咽が、ときには号泣が、聞こえてくるのである。

13

I think it was in those weeks after Nicky's death that I decided that when I became a vet, it wouldn't be of the kind that visits farms.

Nicky, after all — it's not to make light or soft, either — had been a kind of pet.

As for that space that my mother could never close, her not knowing where Nicky's heart had *gone*, it seemed to become more of an issue for her, not less, not a secondary thing but somehow the nub — I can't say the other word — of the matter.

She understood, of course, that there were strict rules about preserving the anonymity of the recipient — understood, but didn't understand, though I tried to explain some of the reasons. She wanted to know, at least — didn't she have the right? — what had happened to Nicky's heart during that first astonishing stage of disconnection, when it had been removed from Nicky and before it was lodged with its new owner.

I said that first (as if I really knew) you had to think of it from the other end. Someone — they might have been close or hundreds of miles away — would have received a phone call, been woken from sleep, perhaps in those same early hours in which we sat, sleepless and disbelieving, in the hospital. A phone call they had been given to understand could come at any time — soon or maybe years ahead (if they were still there to receive it), maybe never — a phone call they knew would allow them only seconds to agree and prepare.

上の息子が小学校に入ったか入らないかのころ、一緒にハリー・

ポッターの映画を見にいったことがあります。帰りの電車のなか、いたく感心したという面持ちの息子が言いました。「ダニエル・ラドクリフはかなり日本語がうまいね」 ダニエル・ラドクリフという役者がハリー・ポッターを演じていることは知っていても、吹き替えという操作が行われていることは知らなかったわけです。

　翻訳についても、子どもの読者であれば翻訳と知らずに読むということがあるでしょうが、大人は知って読んでいる。つまり、グレアム・スウィフトが「グレアム・スウィフト」という片仮名の名前の日本人だと思ったり、かなり日本語がうまいイギリス人だと思ったりする人はいない。みんな翻訳という操作を経て出てきた日本語を読んでいることを知っている。だから翻訳が翻訳であることを隠したって始まらない。

　なぜこんなことを言うかというと、芸のない訳文の言い訳です。今回の原文9-10行目の the nub — I can't say the other word — of the matter のところ、the other word というのは heart ですね。グレアム・グリーンの小説の題にもあるように、the heart of the matter は非常に自然な連語です。だから、「(nub の言い換えになる、じつは nub よりも自然な) もうひとつの語」と言うだけで、ああ語り手は heart という言葉を使いたくないと言っているんだな、とわかる。

　読んでわかるのと訳すのとは別だと思うのはこういうときです。もちろん、原文と同じように heart という語を表に出さずに訳せればそれがいちばんスマートでしょう。しかし生憎そんなうまい方法は思いつきません。いっそダッシュのなかは訳さないという大胆な手もなくはないが、生憎当方生来小心者である。それに、もしかすると原文と突き合わせて読む人だっているかもしれない。こいつわからなかったなと思われるのは癪である。

　そこで heart を何らかの形で表に出し、まあ一種の訳らしきものを作るとして、大きく分けて2つ道がある。第一の道は、あくまでも日本語の内部で処理しようと努めることです。たとえば「問題の中心——こんなところにも心の字が出てくるからたまらない」のように訳す。第二の道は試訳の「問題の中心(ハート)——こんなところにも

心臓(ハート)が出てくるからたまらない──」のように片仮名のルビに英語を出してしまう方法。

　むしろ素人臭い第二の道をとる言い訳が、翻訳は翻訳であることを読者は知っているから、というものです。相手が最初から知っていることを隠してみても詮無いことであるし、それどころか読者に余計なことを考えさせてしまう。「心の字」なんて英語にはないよね？　とか。苦労したんだろうな、訳すのに、とか。それなら、訳者はぺこりと頭をひとつ下げ、読者にすっと通り過ぎてもらうほうがよい。翻訳は翻案とは違います。

　先日、ポーの「ウィリアム・ウィルソン」を小川高義氏による新訳（光文社古典新訳文庫）で読んでいたら、学校の科目として「国文」というのが出てきた。一瞬、うまい！　のかな？　と思い、そこからいろいろ考えてしまった。これ English の訳なんだろうなあ。「国文」は当該の国の言葉で書かれた文章、文学だから、これはまったく正しい訳なんだろう……か？　日本語で「国文」と書いたら、やっぱり日本語のことだよなあ。ところで、なぜ「国語」じゃなくて「国文」を選んだんだろ？　ひょっとして national literature なんて言葉が英語にもあったりして……。原書で確認しなくちゃな。目は先を読みつづけますが、頭のなかでは「コクブン、コクブン、コクブン……」が反響します。

　この English も、たしかに何か工夫したいという誘惑に駆られますけれど、そこをぐっと我慢して「英語」と訳したい。その「英語」が外国語として学ばれる英語ではなく、母語として学ばれる英語だということは、大人の読者ならわかるはずです。その場合も、読者に考える負担をかけることに変わりはありませんが、コクブンほど波紋を広げずにすむのではないでしょうか。

　翻訳であることはなるべく読者に意識させたくありません。でも、うまくいかないときに無理に隠そうとすると、かえって目立つ。

　別の話になりますが、第10回でも見ましたように、先行箇所との符合、呼応には注意を払いたい。今回の原文1行目の in those weeks after Nicky's death は前回にそっくりそのままの句があります。今回4行目の it's not to make light or soft, either は、前回4

行目の softness と、14行目の take it lightly とに呼応しており、そうであればこその（not . . .) either です。今回6行目の **that space that my mother could never close** についても、前回9–10行目に **an unclosable space** がありました。

　今回6–7行目の **her not knowing where Nicky's heart had *gone*** のところも、第11回の原文第1段落の後半を意識して訳したい。その箇所とのつながりを訳に出し、息子の心臓の所在を知ることのできない母親の苦しみを書いたあの一節を微かにでも読者に思い出させることができれば、*gone* がイタリックスだからといって訳文に傍点を打ったりしなくてもよいでしょう。

　原文の23行目と25–26行目にある2つの **a phone call** のあとには、ともに主格の関係代名詞が省略されており、それぞれ could come と would allow につながります（→第Ⅰ部「関係詞（Ⅱ）」の項参照）。

【試訳】獣医になっても農場を回る獣医にはなるまい、そう決心したのもニッキーが死んでからのあの数週のあいだだったように思う。

　なにしろニッキーは——ここでも私は軽く考えたり、意気地のないことを言ったりしているつもりはない——いわばペットだったのだ。

　母が埋めることができずにいる穴のほう、つまりニッキーの心臓の行方が知れないことのほうは、問題として小さくなるどころか、母にとってむしろ大きくなっていくらしかった。二次的なことではなく、問題の中心(ハート)——こんなところにも心臓(ハート)が出てくるからたまらない——になっていくらしかった。

　もちろん母も、被移植者の匿名性保持について厳格な規則があることは理解していた。いや、理解してはいたが、理解できなかった。私から理由のいくつかを説明したが駄目だった。知りたいのよ、せめて、と母は言った。権利があるでしょう？　ニッキーの心臓がどんなふうにされたのか、知る権利。信じられないけど、だれの体からも切り離されていた、あの最初の段階のこと。ニッキーの体からは取り出され、でも新しい主の体には収まる前のこと。

まず反対側から考えてみなくちゃ、と（よく知りもしないくせに）私は言った。その人は――すぐ近くの人だったかもしれないし、何百マイルも離れたところの人だったかもしれない――たぶん電話をもらっただろうね。寝ていたところを起こされたんじゃないかな。ちょうどぼくたちが病院で、一睡もせず、現実が現実と思えないまますわっていた、あの夜明け前の時刻だったかもしれない。いつかかってくるかわからない――すぐかもしれないし、（まだこの世にいて電話に出られるとして）何年も先かもしれないし、ついにかかってこないかもしれない――と聞かされていた、その電話。もしもかかってくれば、承諾して準備をするまで数秒しか与えられないとわかっている、その電話だ。

14

They would have gone through an instant, perhaps, of wishing that this wished-for call *hadn't* come, that life as they'd known it, with all its risk and distress, might simply go on as it had and not be subject to this imminent, immense change. Then they would have swallowed that thought with the thought that this moment, this chance, might never come again.

They would have been told what to do, to pack the things needed for a stay in hospital, where and to whom to present themselves.

Amid everything else, they would know there was only one way, a necessary prior event, in which this could be happening.

Meanwhile, I said — as I went on it seemed more and more like some impossible fairy-tale, like something I must be making up — Nicky's heart would have been placed in a container, a container perhaps a bit like a picnic cool-box, and then it would have been transported by special priority service, by a network of links that exists for such things. Who knows — it might even have been put on a plane? But almost certainly at some stage in the journey it would have been carried in the special pannier of a motorcycle — the quickest way through traffic. There were motorcyclists who volunteered for such tasks. And almost certainly (but I didn't offer this thought to my mother) it would occur to such motorcyclists that motorcyclists themselves formed a significant portion of the stock of organ donors. They tended to be young and fit. They had fatal accidents.

心臓移植の順番を待っていた人のところに病院から電話が入り、いっぽうニッキーの心臓は緊急搬送のルートにのる。この過去に起こった出来事を想像して、語り手が母親に説明している場面です。過去についての推量を表す would have が繰り返され、その反復のリズムが、語り手のいう「おとぎ話」的雰囲気を生むのに一役買っています。

　でも2箇所だけ、would have ではなく would が出てくる。11行目の they would know . . . のところと、25行目の it would occur . . . のところです。それぞれ、なぜ would have ではなくて would なのか考えてみましょう。

　今回の原文の冒頭の They は前回の最終段落で出てきた they ですね。つまり前回の原文19行目の Someone を指している。病院から電話をもらった人です。性別が不明である someone や everyone, no one などを受ける they。今回の最初の3段落に出てくる they はすべてこの they で、試訳では「その人」としました。

　電話をもらったその人はこんなことを思ったんじゃないか、と想像して話しているのが第1段落。その人は病院の人からこんな指示を受けたんじゃないか、と想像して話しているのが第2段落。ここまでは would have で一貫している。

　ところが第3段落だけ would である。ここも would have でもよいのになぜ would なのか。「でもよい」どころか、would have でなければいけない、とおっしゃる方もいらっしゃるでしょう。だって過去についての推量なのですから。

　しかし、ふつうは現在についての推量を表す would をここで使うことにより、電話の場面を締めくくるこの段落が力強くなったと思います。第1, 第2段落では、語り手は would have, would have, would have と冷静に距離を置いて話していた。それがここでは they would know . . . と距離を詰めている。すこし声が大きくなっているような気さえする。語り手が過去の時間に入り込んだ、と言ってもいいかもしれない。それじゃあと「その人はわかっているだろう」という日本語にすると、「その人」のほうを語り手のいる時間に引っ張りこむ感じになってしまう。結局「その人はわかってい

ただろう」に落ち着きました。なーんだと言われても仕方のない平凡さですが、**would have** に対応する箇所の訳「たぶん……したことだろう」よりストレートな物言いにしたつもりです。

これに関連するのですが、英和辞典の would の項で **She would be 80 when she died.** という例文をよく見かけます。本当にそんなふうに言うのかなあと以前から気になっていました。たとえば大修館の『ジーニアス英和辞典』(第4版) はこの例文に「彼女は死んだ時80歳にはなっていただろう」という訳を与え、この **would be ＝ would have been** であるとする。そして「**I suppose she would be . . . ／ I suppose she would have been . . .** などとする方がふつう」と注意しています。研究社の『新英和大辞典』(第6版) も **I suppose she would be about 40 when she died.** という例文に「彼女は死んだ時40歳ぐらいだったろう（と思う）」という訳を与え、これは過去についての推量の would だという。『新英和大辞典』は第5版も同じ例文を載せていますから、他の英和辞典はここから引っ張っていって、なかには40歳は可哀想だからと彼女に天寿を全うさせることを選ぶ辞書も出てきたんじゃないかと憶測します。

この **She would be 80 when she died.** を英語を母語にする同僚や友人に見せると決まってヘンだと言います。ヘンだと言わない人は別の意味に解します。つまり、この文は過去から見た未来を表している、**She was to be 80 when she died.**（彼女は80歳で死ぬ運命だった）と同じだと言うのです。

ただ、いまぼくが考えているのは、この80歳だか40歳だかで亡くなる女性の例文も、今回の **they would know . . .** の場合のように、コンテクスト次第では過去についての推量として成り立つ可能性があるのではないかということです。この例文の出典はまだ調べられずにいますが、*OED* の will の32義のbを念頭に置いて辞書執筆者が作った例文のような気がしています。32義のbというのは、**without notion of futurity: Probably or presumably did** というところ。引用例文をひとつだけ引くと、**It would be about half an hour before the King's dinner-time . . . that Master Richard came again to the hall.**

さて、25行目の it would occur . . . のほうは、そんなにややこしい話ではありません。21–22行目の it [=Nicky's heart] would have been carried in the special pannier of a motorcycle までは過去に起こったはずの特定の出来事を想像していますから、**would have** だし、単数で **a motorcycle** ですね。でも、23–24行目の **There were motorcyclists who . . .** から一般論になる。だから、その文と、27–28行目の２文 **They tended . . . They had . . .** は英語ではいわば時制の一致で過去形になっているけれども、日本語に訳すときには現在時制になる（→第Ⅰ部「時制」の項参照）。そのあいだに挟まれた it would occur to such motorcyclists . . . も motorcyclists と不特定の複数であることからわかるように一般論であり、だから would have とならずに would となる。仮定法の動詞には時制の一致の制約が及ばないからですね。

　助動詞の訳しかたを含め、今回いちばん意識したのは文末でした。前回の最終段落から今回のところまでは語り手が母親に話している場面です。前回の最終段落ではそれをはっきり出して、「ちゃ」「ね」「かな」なども使いましたが、それを今回は控えました。やりすぎると耳障りですし、今回は母に言わない内容も含みます。「おとぎ話」的雰囲気とも合いません。

【試訳】その人は、その待ちに待った電話がかかってこなければよかったのにと、一瞬だけ思ったかもしれない。これまで送ってきた生活は、たしかに危険と苦痛を伴うけれど、それがこれまでどおり坦々とつづいてくれて、こんなに切迫した途方もない変化に晒されるのでなければよかったのにと。それから、たぶん、その考えを振り払い、こんな瞬間、こんな機会は二度とめぐってこないかもしれないのだと思い直したことだろう。

　その人はたぶん、あれこれ指示を受けたことだろう。入院生活に必要な物の荷づくりについて、また病院に着いたらまずどこに行けばよいのかについて。

　そんな目まぐるしさのなかでも、その人はわかっていただろう。この

状況に至る道はひとつしかないこと、ある必然的な出来事が先行していることを。

　いっぽう、と私は言う。話をつづけるうちに、だんだん非現実的なおとぎ話でもしているような、作り話でもしているような気がしてきた。いっぽう、ニッキーの心臓はたぶん容器に入れられて、それはピクニックに持っていくクーラーボックスに似ていなくもなくて、容器はそれから特別の緊急サービス、こうした場合のために存在する連係のネットワークによって運ばれたことだろう。ひょっとすると飛行機にだって乗ったかもしれない。でも、まず間違いなく、搬送のどこかの段階で、オートバイの特別な荷箱に入れて運ばれたことだろう——混雑した道路では最も迅速な手段だから。そのような仕事を無償で引き受けるライダーたちがいる。そして、まず間違いなく（もっともこの考えは母には披露しなかったけれど）、そうしたライダーたちはふと思うことだろう。ほかならぬ自分たちこそ、臓器提供者の予備軍のかなりの部分を占めているのだと。オートバイに乗る人間は概して若くて健康である。オートバイに乗る人間は死亡事故を起こす。

15

But it seemed my mother, even after months, would not give up her yearning. Surely, she had the right? To think that someone, somewhere, was walking around. A whole new person, with a whole new life. A lease of life. A deliverance.

In the end I did something irresponsible, foolish perhaps. By this time I knew Pauline, my future wife. She was only a junior nurse in those days, she didn't even work at the hospital where Nicky had died. She knew no more than I did, and if she was about to make clandestine enquiries it could be at the risk of her job. All she suggested — I could have come up with this myself — was that I phone up the office of Reynolds (that was the second doctor), hassle the secretary, play the distraught relative (but I was a distraught relative), see what might not, in a moment's exasperation, be let slip over the phone.

She said, 'But are you sure about this? It could all backfire.'

I made the call. I pleaded. The secretary insisted: she simply didn't have access, even if she could release it, to this information. In the end she went away, for some while, came back. 'All I can tell you,' she said, 'is that the recipient was female and forty-six.' She didn't say it as if she were whispering a secret that could get her dismissed. She said it as if it was meaningless knowledge: it hardly narrowed things down.

いくぶん後ろめたいのですが、ぼくはダブルスタンダードです。地の文を訳すときと会話部分を訳すときで基準が違う。地の文はい

わゆる翻訳調が残っても構わないと思うのですが、直接話法で伝えられるセリフや、直接話法的に訳すことになる自由間接話法のところは日本語としての自然さを最優先させる。話し言葉が不自然だとぶち壊しになるからです。

　まず第1段落では原文2行目の Surely 以下が自由間接話法ですね。相手の考えかたに承服できないときに使う口語的な surely がキューになっている。その直後のコンマも、それから語順は肯定文なのに最後に疑問符をつけて疑問文にしているところも、これが語り手の母の台詞であることを示している。'Surely, I have the right?' と言ったわけです。あとは、この surely をどう訳すか。こういうとき日本語で「私には確かに権利があるでしょう？」とは言わない。「もちろん権利があるでしょ？」も相手に対する反駁の気持ちが足りない気がする。ここは自分の立場を強く主張する「だって」がよさそうです。試訳では「だって知る権利があるでしょう？」としました。

　なお、この surely が否定文で用いられたときは、たいていの英和辞典に訳語として載っている「まさか」がぴったりくる。Surely you're not suggesting . . . ? だったら「まさか……だなんて言うつもりじゃないよね」ですね。

　それから原文2–3行目の To think that . . . は「……だと思うとたまらない」ということで、the right to think that . . . とつながるわけではありません。

　第2段落の後半、原文は11行目から16行目まで1文なのですが、試訳では最後のところだけ「いらいらして、ついぽろりと受話器越しに何か漏らさないとも限らないわよ」と独立させました。もとの1文が長いというだけでなく、原文15–16行目の see 以下が訳しづらいのです。まずこの see を日本語の動詞に訳そうとすると「やってみる」「試してみる」くらいになるのでしょうが、これは11行目の suggested の訳語に使いたい。そのうえ「やってみる」「試してみる」という動詞につなげようとすると15行目の might not の感じが出しづらい。それで直接話法的訳しかたに逃げました。逃げずに正攻法で訳せるんじゃないかと思う方、See if you can do it!

第3段落はもともと直接話法ですから言い訳をしないですみます。このポーリーンの台詞にある代名詞3つ you, this, It は訳さないのが得策。そのうえで sure をどう訳すか。「でも本気なの？」「でもほんとにいいの？」くらいで十分かもしれません。試訳の「でも、よく考えたほうがいいんじゃない」はくどかったかもしれない。

　最終段落に移り、原文19–21行目の she simply didn't have access . . . to this information も直接話法的に訳しました。直前のところが The secretary insisted: . . . とコロンを使い、The secretary insisted that . . . としていないこと、また simply という副詞で否定を強めていること、そのへんからくるのでしょうが、秘書の語気の強さが直接に伝わってくる。I simply don't have access . . . というセリフが聞こえてくる。

　仮定法の even if she could release it はよろしいですか。現実にはその種の情報は公表することができないわけですが、「たとえ公表することができたとしても」情報そのものを知らないのだからどうすることもできない、と言っています。「無い袖は振れない」というわけです。ここも日本語の話し言葉として自然にしたかったので「お教えするも何も、そもそも私自身、そんな情報を知り得る立場にありませんので」と訳しました。

　「そもそも私自身が」と助詞の「が」を入れてももちろんよいのですが、話し言葉ではしばしば助詞が省かれる。これも悪乗りしてはいけませんが、訳文に軽みを出したいとき、助詞の省略は有効です。そういえば何年もまえ、床屋に行って髪がものすごく短くなったことがあります。帰宅したとき、階段を降りて玄関に出てきた小学生の息子が、ぼくの頭を見るなりこう叫びました。「（妻のいる2階にむかって）ママっ！　パパ髪切ってきた！　（赤くした顔をこちらにむけて）切りすぎだよ、切りすぎ。すぐ伸びるからいいけどさあ」パパが髪を切ってきた、とは言わなかった。

　話し言葉をどう訳すかについてはこれくらいにして、原文21–22行目の In the end she went away, for some while, came back. をご覧ください。日本で真面目に英語を勉強した人であれば、この文は気持ち悪いと感じるでしょう。コンマの使いかたに癖がある。最

初のコンマはなくてよさそうに見えるし、ふたつ目のコンマは and の代わりを務めさせられている（→第Ⅰ部「句読法（Ⅱ）」の項参照）。そう、she went away for some while and came back とか she went away and after a while came back とか書くのがふつうですね。そして前者であれば for some while という副詞句は went away という動詞句の付属物であり、後者であれば after a while という副詞句は came back という動詞句の付属物になる。でも、原文はそのどちらにもしないで、went away と for some while と came back という3つの句に同じ重さを持たせている。ふつうの書きかたよりも for some while を重くしていると言ってもいい。

つまり読者は for some while をゆっくり読まされ、受話器を耳につけたまま待たされているときの宙ぶらりんな気持ちを味わうことになる。試訳の「でも最後には電話口を離れ、しばらく待たせ、ようやく戻ってきた」が成功しているかはともかく、「しばらく電話口を離れ」のような訳だけは避けたい。秘書が電話口を離れる→しばらく待たされる→秘書が戻ってくる、という順を守りたいからです。

原文24行目の a secret that could get her dismissed も仮定法です（→第Ⅰ部「仮定法（Ⅱ）」の項参照）。この原文自体やや舌足らずですが、11行目に——こちらはポーリーンについて—— at the risk of her job という箇所があったおかげで、24行目もするりと読めます。「教えたことがばれれば解雇されかねない秘密の情報」と丁寧に訳したい気持ちを抑え、やや舌足らずな訳文にしておきました。

【試訳】けれども母は、数カ月が経っても、その切なる望みを捨てるつもりはないらしかった。だって知る権利があるでしょう？　だれかが、どこかで、歩き回っているんだ、って思うと……。真新しい命をもらって、真新しい人間になって。助けてもらって。命拾いして。

とうとう私は無責任な行動に出た。愚かでさえあったかもしれない。私はこのころすでに、将来妻となるポーリーンと知り合っていた。ポーリーンは当時まだ平の看護婦だったし、だいいちニッキーが死ん

だ病院で働いていたのでさえなかった。私が知っている以上のことを知っているわけでもなかったし、こっそり問い合わせようとすれば職を失う危険があった。やってみたらとポーリーンが言ったのは——それは私でも思いつく程度のことで——レノルズ（というのが二人目の医師の名前だった）のオフィスに電話して、秘書を攻め立て、乱心した親族を（実際、乱心した親族なのだが）演じることだった。いらいらして、ついぽろりと受話器越しに何か漏らさないとも限らないわよ。

　ポーリーンは言った。「でも、よく考えたほうがいいんじゃない。逆効果ってこともあるから」

　私はその電話をかけ、懇願した。秘書は頑として譲らなかった——お教えするも何も、そもそも私自身、そんな情報を知り得る立場にありませんので、と。でも最後には電話口を離れ、しばらく待たせ、ようやく戻ってきた。「私からお教えできるのは」と秘書は言った。「移植を受けたのは女性の方で、四十六歳だということだけです」　ばれたら解雇されるかもしれない秘密の情報を声をひそめて教えるという感じではなかった。知ったところで無意味だといわんばかり、これで特定できるわけではないのだからという感じだった。

16

A female. I hadn't really thought it or imagined it, though of course it was always possible. Nicky's seventeen-year-old heart had ended up in the body of a forty-six-year-old woman. And of course that was a possibility too — the difference in
5 age. That the organs of the young might be received by those older. Not the very old but, still, in this case, someone a lot older than Nicky.

But I didn't say this to my mother. This has been my one big lie, the biggest lie of my life. I said I'd found out
10 something. I'd been 'ferreting around'. Contacts, I said, through vet college (as if there should have been any). I said there was absolutely nothing more to be found out, but I'd learned something: Nicky's heart had gone to a girl. 'A girl,' I said, 'a young woman. That's all I know.'

15 I said, 'Keep this between you and me.'

The biggest lie of my life. But it gave my mother something with which to close, almost completely, that gap. Something to content her with never knowing more. It was only a half lie too, of sorts, false only by a span of years. If I'd told my
20 mother that Nicky's heart was inside the body of an older woman, a woman, in fact, not so far from my mother's age, I know what my mother would have thought from that moment on. I know what I'd spared her from.

馬の脚に「繋（つなぎ）」という部分があります。みなさんはご存じでしたか。じつは、ぼく自身、よく知りもしないことを辞書を引き引き書いているのですが、**'Our Nicky's Heart'** は獣医が語り手の話です。ちょっと我慢して聞いてください。「繋」とは「ひづめ」と「けづめ」のあいだの部分だそうです。そう言われてもピンとき

ませんから、研究社『新英和大辞典』(第6版)と小学館『ランダムハウス英和大辞典』(第2版)の馬の絵を見ます。なるほど、ここですか。この「繋」にあたる英語 pastern をサミュエル・ジョンソンは『辞書』(1755)で 'The knee of an horse.' と定義した。もちろん間違い。

それを訝ったある婦人から、なぜそんな定義をするに至ったのか尋ねられたジョンソンが 'Ignorance, Madam, pure ignorance.' と答えたのは有名な話です。英語ではこんなふうに名詞をぽんと放り出すことが日本語より多い気がする。これを「無知、奥さん、全くの無知」と訳すと、なんだか相手に「無知」という言葉を投げつけているように、つまり相手の無知を批判しているようにも聞こえるし、とにかく日本語として不安定です。この逸話はボズウェルの『サミュエル・ジョンソン伝』にありますから、中野好之訳を見てみましょう。ほら、「無知です、奥さん、全くの無知からです」と訳していますね。

日本語で名詞だけ放り出す状況を考えると、呼び掛け(社長!)、面罵(おたんこなす!)、要求(お代わり!)、決定の通告(トイレ!)、注意の喚起(自動車!/鼻血!)などが思い浮かぶ。いずれも相手への積極的な働きかけです。エクスクラメーション・マークが付かないときとなると、ぶっきらぼうな応答(そのシャツどうしたの?——鼻血)と、題目の提示(鼻血。それは鼻粘膜からの出血のことである)くらいでしょうか。

英語では、日本語と同じような場面での使用に加え、**Thanks!**(ありがとう)/ **My pleasure!**(どういたしまして)/ **My apologies!**(まことに申し訳ない)/ **Fat chance!**(あり得ないね)/ **Some hope!**(望みなし)/ **Good boy!**(いい子だ)/ **Good luck!**(うまくいくといいね)といった各種の定着した表現にも名詞を投げ出したものがすくなくない。

さらに、定型的な表現でなくても、潔く間違いを認めたジョンソンの台詞のような使いかたもある。面白いのは、日本語の場合、シャツの汚れの原因を訊かれて「鼻血」とだけ答えることは、そっけなくてよければ、ありそうなのに、「なぜ、あんな定義をしたので

すか」と訳かれて「無知」とだけ答えるほうは、ありそうにないことである。抽象名詞がいけないのか。もっとも、問いを「あのような定義をしてしまった原因を1語で述べよ」とすれば「無知」と答えられる。「あんな定義をしてしまった原因は？」くらいでもいけるかな。でも、使用範囲は英語ほど広くない。しかも、日本語で「無知」と答えると、そのぶっきらぼうさ加減は英語の場合より大きくなりそうだ。

英語でも日本語でも端折れば粗略になるのは変わりないと思うのですが、どうも様子が違う。なぜ違ってくるのかはわからない。ただ、ひとつ言えるのは端折る箇所が違うということです。日本語の名詞放り出しは後半省略型で、「御免なさい」(ないしは「御免ください」)を略して「御免」となる。それにたいして英語は前半省略型で、**Please accept my apologies.** を略して **My apologies.** となる。同じ前半省略でも、定型的な表現を別にすると、ジョンソンの答えのパターンが多い。つまり、**It was ignorance.** を略して **Ignorance.** とするように、分かりきった主語と **be** 動詞を一緒に抜く。英語では様々な局面で起こるタイプの **ellipsis** ですね。**(It's a) pity (that) you ruined your new shirt.** みたいな言いかたも思い出します (→ 第Ⅰ部「省略」の項参照)。

さて、今回の冒頭です。移植を受けたのは46歳の女性だったと秘書が明かしたのを受け、**A female.** と名詞がぽんと放り出されている。これをわざわざ **It was a female.** の省略と解する必要はないのかもしれない。秘書の使った **female** という語 (ただし形容詞) を鸚鵡返しにしただけと考えてもよさそうです。それでもやはり、単に「女性。」と訳すとすわりが悪い。直後の文 **I hadn't really thought it or imagined it . . .** の it が指すものを考えても、ただの **a female** ではなくて **the recipient being a female** です。それで「女性だったのだ。」と訳しました。ところで、この箇所、不定冠詞を無理に訳して「或る女」などとしてはいけません。小説の題になっちゃう。

原文13-14行目、語り手のセリフ中の **A girl.** と **A young woman.** も日本語訳では名詞だけで放り出すわけにいきませんでした。この場合も、つぎの文 **That's all I know.** の that が指すのは **a young woman**

そのものではなく、**the recipient being a young woman** です。

　でも、原文16行目の **The biggest lie of my life.** は日本語訳でも名詞だけで放っておきました。つぎの文の **it** が指すものが **the biggest lie of my life** そのものですから、「人生最大の嘘。」としておくだけでつぎの文になだらかに繋がります。

　放り出された名詞の話はこれくらいにして、原文8–9行目の **This has been my one big lie...** をご覧ください。現在完了であることと、**my one big lie** は **my only big lie** であることに注意して訳したい。試訳では「後にも先にもあんな大きな嘘をついたことはない」としました。

　原文10行目の **I'd been 'ferreting around'.** の **ferret** は家畜化されたイタチの一種。ウサギなどを巣穴から追い出すのが得意で、狩りをする人間に重宝され、いまはペットとして人気が高い。そのフェレットがちょこまか動いて地面をひっかき回している姿が目に浮かぶ言い回しを、獣医志望の若者が使ったのが面白く、だからこそ引用符もついている。残念ながらこれを訳に活かす手が思いつかず、したがって引用符も消しました。試訳の「いろいろ手を回してね」のところです。

　今回の最後の文 **I know what I'd spared her from.** の **from** は本当は要りません。この **spare** は２重目的語をとり、「（間接目的語）に（直接目的語）を免れさせる」となるのですから。直訳すると「私が（嘘をつくことによって）母に何を免れさせたか、私は知っている」です。試訳では搦め手から攻め、「あの嘘がなかったら、母がどんな気持ちを味わうことになったか、私にはよくわかる」となりました。

【試訳】女性だったのだ。これはじつは考えていなかった、というか思いもよらないことだった。もちろん、そういう可能性はつねにあったわけだけれど。ニッキーの十七歳の心臓がたどり着いた先は四十六歳の女性の体のなかだった。そしてもちろん、それもあり得ることだった——年齢に開きがあること、若い人の臓器を年上の人がもら

うことも。非常に上というわけではないけれど、それでも、この場合、ニッキーよりずっと年上の人だ。

　しかしそれは母には言わなかった。後にも先にもあんな大きな嘘をついたことはない。私の人生最大の嘘である。母にはこう言った。ひとつわかったことがあるんだ。いろいろ手を回してね。獣医学部のコネを使ってね、と（そんなものあるはずもないのに）。どんなにしてもこれ以上のことはわからないんだけど、ひとつだけわかってね。ニッキーの心臓は女の子に移植されたんだ。「女の子なんだってさ」と私は言った。「若い女性なんだって。わかったのはそれだけだった」

　私は言った。「ほかの人には言わないでよ」

　人生最大の嘘。しかし、それでもって母はあのぽっかり開いた穴を、ほぼ完全に、埋めることができたのだ。それで満足して、それ以上は知ることができなくても苦しまなかったのだ。それに嘘といっても、いわば半分だけの嘘、本当でないのは年齢差の点だけだった。ニッキーの心臓がいまは年上の女性、それも母と大差ない年齢の女性の体のなかにあるのだと、もしも母に教えていたら、その瞬間から母が何を考えはじめたか、私にはよくわかる。あの嘘がなかったら、母がどんな気持ちを味わうことになったか、私にはよくわかる。

17

If only, she would have thought, it had not been that other woman's fate to have the dicky ticker, if only it could have been herself. If only she had not been a strong, robust woman, a mother of four, doomed to carry on being strong and robust while a farm and all that it stood for seemed to crumble away around her, and the men on it, a husband and two sons, seemed to crumble too, so it seemed it was left to her to put things right, to change things back. As if she could do that, as if she could wave a wand.

If only she hadn't been that robust woman but a woman, in her middle years, with an incurable complaint of the heart. Then of course it wouldn't have been terrible or even difficult to have made that decision that night, it wouldn't have been the source for ever afterwards of confusion, mystery and remorse. They wouldn't even have needed motorcyclists. She would have said, yes, let them take out Nicky's heart and meanwhile cut her open and take out her iffy one, and then tuck Nicky's up safely inside her. Then everything would have been all right.

今回は 'Our Nicky's Heart' の結びの2段落です。もしも息子の心臓の行った先が中年の女性の体内であったと知ったなら、同じ中年である母はこんなふうに思ったにちがいない、と仮定法を使って書いてある。両段落とも **If only** で始まり、第1段落では最初の3行で3回 **if only** を使い、両段落とも **had not been ...** や **would[n't] have ...** がたくさん出てくる。ことに第2段落では、12行目以降最後まで、**Then of course it wouldn't have ... , it wouldn't have .... They wouldn't even have .... She would have .... Then everything would have ....** と畳みかけています。

こうした仮定法過去完了の語句と文型の反復は、変更のきかない過去への遣る瀬ない未練を表現するのに効果を上げています。この反復の「形」は訳文にも反映させたい。もちろん、たとえば **If only . . .** を素直に訳していけば「……だったらよかったのに」のような日本語が並びますから、原文の「形」がある程度は自然と訳文に移っていくと一応は言えます。でも、それだけでは足りない気がする。英語では2つの段落の頭にある2つの **If only** がぱっと目に飛び込んでくるのに、日本語の「よかったのに」は文末にくるから目立たない。

　つぎに別の観点からの話ですが、第2段落冒頭の **If only** はもうひとつ大事な役割を果たしています。簡単に言えば、第1段落の第1文にある **she would have thought** の支配を第1段落を超えて第2段落にまで広げる働きということになりますが、すこし丁寧に見ていきましょう。

　第1段落の第1文をご覧いただくと、**she would have thought** とありますが、あとは第2段落の最後まで **think** に類する伝達動詞はありません。ありませんけれども、この **she would have thought** が最後まで効く仕掛けになっている。つまり、**think** はひとつしかないのに、この両段落がまるごと母が考えたであろう内容として読めるようになっており、それについては **if only** が一役も二役も買っている。

　まず、第1段落の第1文で2回 **if only** を使ってパターンをつくっています。そして第2文を **If only** で始めることによって、この新しい文もまた、母の思考内容のつづきである可能性の高いことを知らせる。そして中身のほうも、第1文の最後（**if only it could have been herself**）と第2文の最初（**If only she had not been a strong, robust woman . . .**）とをオーバーラップさせています。なお、第3文は完全な文ではなく **as if** 節を重ねただけですから、実質的には第2文の一部です。

　そして第2段落も **If only** で始め、中身も **If only she hadn't been that robust woman . . .** ですから第1段落の第2文とオーバーラップさせている。ですから、読む側は、段落は改まっても母の

思考がつづいているのだなと読む。第2段落の第2文は Then で始まり、これは第1文の If only と呼応していますから、さらに母の思考はつづくわけです。その第2文で wouldn't have を2回使ったうえで、第3, 4文でも would[n't] have として、これら4つの would[n't] have が並列。原文18–19行目の第5文は Then everything would have been all right. と総括しており、やはり Then で始まっていた第2文（＋第3文＋第4文）と並列になっています。

　以上のことを考え合わせ、試訳では、第2段落の冒頭に「きっと母は思ったことだろう」という第1段落の冒頭と同じ1文を置きました。やりすぎでしょうか。ここまでいじることは我慢すべきだったでしょうか。

　つぎに指示形容詞の話に移ります。今回、指示形容詞の that が2箇所出てきますが、いずれも日本語では「あの」となりません。

　わかりやすいほう、第2段落の第1文にある that robust woman からいきましょう。ここは時制の一致に伴って this が that に化けたわけです。すでに見たように、ずうっと she would have thought が効いていますから、実質的にはこの部分も被伝達部、別の言いかたをすれば think の目的節の内部です。もしもこのあたりを直接話法で書けば If only I weren't this robust woman .... となる。そして第8回でも申し上げたように、英語の間接話法を日本語に訳すさいにはどうしても直接話法的になります。ですから「こんな逞しい女でなく……」となる。

　もうすこしややこしいのが第1段落の第1文にある that other woman('s fate) です。ここは直接話法に引き直しても that other woman の that に変わりはないでしょう。心臓移植手術を受けた女性のことを that woman とよんでいる。ところがこれを日本語で「あの女性」とすると、話者（母）自身が知っている人になってしまう。しかし、ここでは、そういう女性がニッキーの心臓をもらったのだとマーク（語り手）から聞いただけですから、日本語では「その女性」となる。

　この that other woman で間接話法性が出ているのは other のほ

うでしょう。間接話法を採るということは、被伝達部についても語り手の視点に立つということであり、いま語り手の視野には母と移植手術を受けた女性という二人の女性が入っている。だから「母ではない、もうひとりのほうの女性」と other を使う。しかし、日本語では被伝達部は直接話法的に訳しますから、この other は無視したほうがうまくいきます。したがって that other woman が「その女性」となる。

最後に、9行目の as if she could wave a wand を「私に魔法の杖があるわけでもないのに」と訳したことについて釈明したいと思います。冠詞の話です。冠詞は名詞の単複同様、日本語にないものですから、日本語を母語とする人間にとっては難しい。読むうえで重要ですし、訳すさいには工夫が要ります。

まず、a wand と the wand の違いは問題ないでしょう。「魔法の杖というもの」と「ある特定の（たとえばいつも使っている）魔法の杖」の違いですね。ですから wave a wand は「魔法の杖なんてものがあるとして、そいつをふるということ」で、wave the wand は「いつも使っている魔法の杖をふること」です。つまり、cannot wave a wand は具体的な杖の存在を前提していない。書き換えれば do not have a wand to wave ということであり、ふつうの人間はみんなそうです。それにたいして cannot wave the wand は腕を折った魔法使いです。いつもふっている魔法の杖をふることができないというのですから（→第Ⅰ部「冠詞」の項参照）。

今度は日本語のほうですが、「魔法の杖をふることができない」とか「魔法の杖がふれない」とか言うと、すくなくとも曖昧になる。これらの文はふつうの人間について使うこともできるかもしれませんが、むしろ魔法使いである可能性が高いのではないか（もちろん比喩的な意味での魔法使いでもよい）。

もちろん、この母親が魔法使いでないことはわかっているのですから、「私に魔法の杖がふれるわけでもないのに」でもよかったかもしれません。この訳の場合、「あり得ない」ということを強調する「わけでもない」が助けてくれています。

この講座もつぎが最終回となります。モームの『月と六ペンス』

の冒頭部分を取り上げる予定です。

【試訳】きっと母は思ったことだろう。心臓が悪いという宿命を負ったのがその女性でなければよかったのに。それがこの私だったらよかったのに。なのに、実際の私はこんなに強くて逞しい女なのだ。四人の子を産んだ母として、強くて逞しくありつづけるべく運命づけられている。ちょうど、ひとつの農場が、そしてその農場が意味した一切合切が、私ひとりを残してもろくも崩れていくらしく、さらにはその農場をやっている男たちも、つまり夫と二人の息子もまた、もろくも崩れていくらしく、どうやらこの事態を収拾し、立て直すのは私の仕事であるらしい。そんなこと、私にできるはずもないのに。私に魔法の杖があるわけでもないのに。

　きっと母は思ったことだろう。こんな逞しい女でなく、同じ中年でも、心臓に不治の病を抱える女だったらよかったのに。そうであったなら、あの晩にあの決断をしたことも、恐ろしいことではなかったろうし、つらいことでさえなかったかもしれない。あの決断がいつまでも尾を引いて、混乱と謎と後悔の種でありつづけることもなかったろう。緊急サービスのオートバイさえ要らなかったのだ。こう言えばよかったのだ——はい、ニッキーの心臓を取り出してもらってください。同時に私の胸を開いて、具合の悪い心臓を取り出して、ニッキーの心臓をすっぽりと私の体に納めてください、と。そうであったなら、何の問題もなかったのに。

18

I confess that when first I made acquaintance with Charles Strickland I never for a moment discerned that there was in him anything out of the ordinary. Yet now few will be found to deny his greatness. I do not speak of that greatness which is achieved by the fortunate politician or the successful soldier; that is a quality which belongs to the place he occupies rather than to the man; and a change of circumstance reduces it to very discreet proportions. The Prime Minister out of office is seen, too often, to have been but a pompous rhetorician, and the General without an army is but the tame hero of a market town. The greatness of Charles Strickland was authentic. It may be that you do not like his art, but at all events you can hardly refuse it the tribute of your interest. He disturbs and arrests. The time has passed when he was an object of ridicule, and it is no longer a mark of eccentricity to defend or of perversity to extol him. His faults are accepted as the necessary complement to his merits. It is still possible to discuss his place in art, and the adulation of his admirers is perhaps no less capricious than the disparagement of his detractors; but one thing can never be doubtful, and that is that he had genius. To my mind the most interesting thing in art is the personality of the artist; and if that is singular, I am willing to excuse a thousand faults. I suppose Velasquez was a better painter than El Greco, but custom stales one's admiration for him: the Cretan, sensual and tragic, proffers the mystery of his soul like a standing sacrifice. The artist, painter, poet, or musician, by his decoration, sublime or beautiful, satisfies the aesthetic sense; but that is akin to the sexual instinct, and shares its barbarity: he lays before you

30 also the greater gift of himself. To pursue his secret has
something of the fascination of a detective story. It is a riddle
which shares with the universe the merit of having no answer.
The most insignificant of Strickland's works suggests a
personality which is strange, tormented, and complex; and it
35 is this surely which prevents even those who do not like his
pictures from being indifferent to them; it is this which has
excited so curious an interest in his life and character.
　　　—W. Somerset Maugham, *The Moon and Sixpence*

　最終回は第1回と同じく、ひとの訳文をあげつらうという楽しくて楽ちんなことをさせていただきます。選んだのはモームの『月と六ペンス』の冒頭です。1919年に刊行されたこの小説は、多くの優れた邦訳を読み比べることができて面白い。いちばん古いのが1940年の中野好夫訳、いちばん新しいのは2008年の土屋政雄訳、その間に厨川圭子、阿部知二、龍口直太郎、北川悌二、大岡玲、行方昭夫の諸氏が訳していらっしゃる。このうち大岡訳は抄訳で、上に示した第1段落では、17行目の **It** から最後までばっさり切り捨てられています。

　僕にとって『月と六ペンス』は小さな挫折の思い出でもあります。大学1年生のとき、中野好夫の『英文学夜ばなし』（新潮選書）を読み、『月と六ペンス』の原文と中野訳とを突き合わせてみようと思い立ったのです。勇んでペンギン版（Reprinted 1977）を買い求めたまではよかったのですが、英語が難しく、ちょうど第1段落だけ見たところで放り出しました。中野訳は新潮文庫（昭和34年発行、昭和53年32刷）でして、最初の2ページだけ赤鉛筆で傍線がやたら引いてある。

　なにしろ多年を閲しましたから、趣旨不明の傍線も多いのですが、今でもやっぱりここに引くという線がいくつかある。たとえば、原文23–25行目の **I suppose Velasquez was a better painter than**

El Greco, but custom stales one's admiration for him: . . . が中野訳では「おそらくベラスケスは、エル・グレコよりも傑れた画家であったろう。しかし彼に対する賞賛は、すでに陳腐な月並に堕し去っている。」となっていて、後半が赤線です。この訳にどうしても納得がいかなかった。これは訳しかたの問題ではなく、読みかたの問題です。

直後に「それに引替え、この官能的で、そして悲劇的なクレタ島人（エル・グレコのこと）は、あたかも立てる犠牲（いけにえ）のように、彼の魂の神秘を、そのまゝに示している。」と続くのだからヘンです。ちっとも「それに引替え」じゃないじゃないか。もしも「彼に対する賞賛は、すでに陳腐な月並に堕し去っている。」が正しいのなら、その先は「それに引替え、この官能的で、そして悲劇的なクレタ島人（エル・グレコのこと）は世評が低いから、判官贔屓（はんがんびいき）の僕はつい贔屓したくなるのだ。」というふうにつづくはずだし、逆に、「それに引替え」以下のほうが正しいのなら、その前はベラスケスの作風に関する記述であるはずです。

おそらく後者でしょう。ちょっと前のところで「私見をいえば、芸術において最も興味深いものは、結局するところ芸術家その人の個性だと思う。」（原文21–22行目）とあるのだから、粗っぽく言って、「ベラスケスは腕は良いが個性がない。それに引替え、エル・グレコは腕は少々劣るが個性がある」と、こうきてくれなくちゃ困ります。

この部分、訳しかたはまちまちですが、厨川訳（角川文庫）、阿部訳（旧岩波文庫）、北川訳（講談社文庫）、行方訳（新岩波文庫）が中野訳と同じ読みかたです。行方訳ですと「ベラスケスのことは誰も彼もが褒めそやすものだから、褒める気がしない。」となっている。その行方訳は原文26行目の **. . . a standing sacrifice.** と **The artist, . . .** との間に「それゆえ、僕にはこのクレタ島生まれの画家のほうが興味ぶかい。」という原文にない1文を補っています。これは憶測にすぎませんが、行方先生——大学時代に多くを教えていただいた恩師です——もヘンだと思っていらっしゃるのではないでしょうか。対比になっていない対比に形ばかりのけりをつけられたのではないでしょうか。

じつは阿部訳はもともと「月並みさのため、賞賛の気分もそがれてしまう。」でした（河出書房、世界文学全集第40巻『モーム』、初版昭和36年）。9年後に岩波文庫に入るとき、中野説に鞍替えしたのです。この古いほうの阿部訳と同じ読みかたをしたのが土屋訳でして、「仕来りどおりに描かれたその絵を前にすると、賞賛の気持ちもいささか萎える。」とした。こういう訳のほうがまだ理解できる。作風の話になっていますから。でも、ベラスケスが「月並み」？　ベラスケスが「仕来りどおり」？

　正解は龍口訳（旺文社文庫）の「ベラスケスの作品は見つけると飽きがくる。」です。くどい説明を加えますと、はじめてベラスケスの絵を見るとその技術の高さに感嘆させられる。しかしベラスケスの絵は何枚見ても、画家その人の個性が伝わってこない。だから見慣れて新鮮さを失うと賞賛の念も減じてしまう、ということです。

　龍口訳以外の訳は custom の意味を取り違えています。まず、custom に「月並みさ」「仕来りどおりであること」の意味はない。ここの custom は *OED* の1のb "The practising of anything habitually; the being or becoming accustomed." ですね。研究社『新英和大辞典』（第6版）では第2義の「繰り返し；反復練習」がそれに当たる。つまり、同一主体が何かを反復して行うことによって慣れっこになることです。もしも「世の中の人が口を揃えて賞賛している」と言いたいのなら custom という言葉は使わないでしょう。何か別の英語 universal admiration とか unanimous admiration とかになると思われます。

　また、動詞 stale については『月と六ペンス』第39章にある To see her was a delight that never staled, . . . が参考になります。龍口訳は「彼女に会うことは、いつでも新鮮なよろこびだった。」ここでは自動詞ですが、この言葉の感じをつかむのに良い例文です。さらに、モームが知っていたにちがいないのがシェイクスピアの『アントニーとクレオパトラ』第2幕第2場におけるエノバーバスの台詞 Age cannot wither her, nor custom stale her infinite variety; . . . でして、前半部分は wither の例文として『新英和大辞典』に採られています。

翻訳+α 英語小説翻訳講座 II

　もうひとつ、読みの段階の話をします。これは多くの邦訳を読んだ今回、はじめて気づきました。原文26–30行目 の **The artist, painter, poet, or musician, by his decoration, sublime or beautiful, satisfies the aesthetic sense; but that is akin to the sexual instinct, and shares its barbarity: he lays before you also the greater gift of himself.** というところ。文中のセミコロンとコロンをどう解しているか、また **the greater gift of himself** というのは何と比較して **greater** であると読んでいるかに注意して、まずは中野訳をご覧ください（→第Ⅰ部「句読法（Ⅱ）」の項参照）。

　「画家といわず、詩人といわず、音楽家といわず、すべて芸術家というものは、その崇高な、あるいは美しい装飾によって、審美感を満足させてくれる。が、それはまたあの性的本能とも相通じるものがあって、一種の原始性ともいうべきものを帯びている。いわば同時に、彼自身という、より大きな贈物を、われわれの目の前に展げて見せてくれるのだ。」

　曖昧さを残す訳しかたですが、正しく読んでいると思います。芸術家は「装飾」という贈り物によって一応は審美感を満足させてくれるけれども、その審美感には性的本能に似た面、もっと原始的な面がある。その原始的な面は「装飾」よりも大きな贈り物である「彼自身」を目の前に広げて見せてもらってはじめて満足する、ということでしょう。セミコロンのほうが大きな仕切りで、コロンは「すなわち」という感じで **barbarity** の説明へとつなぎます。「装飾」がベラスケスの技術の高さに対応し、「彼自身という、より大きな贈物」がエル・グレコが生け贄のように差し出す己の魂に対応する。厨川訳も同じ読みかたですが、阿部訳からコロンのところに「しかし」が入って妙なことになり、その訳が基本的には龍口訳、行方訳へと踏襲されていきます。行方訳を見てみましょう。

　「およそ芸術家というものは、画家であれ、詩人であれ、音楽家であれ、作品に華麗な、あるいは荘厳な装飾をほどこして、人の審美感を満足させるものである。だが、審美感には性的本能と類似なところがあり、粗野な部分がある。<u>しかし</u>芸術家は、それに加えて自分の内面の秘密という、より優れた贈り物を提供してくれるのだ。」

この「しかし」が曲者です。コロンを「しかし」と読んだと言ってもいいし、原文にない「しかし」を補ったと言ってもいいですが、こういう不自然な操作をしなければならないときは読み誤っていることが多い。セミコロンよりコロンのほうが大きな仕切りとなってしまい、その結果「粗野な部分」の中身は説明されないことになった。「自分の内面の秘密」は「粗野な部分」を含む審美感の満足と比べて「より優れた贈り物」である、と読んでいるらしい。

　北川訳は、**the greater gift of himself** の of を読み違えて「自己独自のより大きな才能」となった。

　これを正しい読みかたに戻したのがつぎの土屋訳です。

　「およそ芸術家とは、画家であれ詩人であれ音楽家であれ、荘厳・美麗なる装飾で鑑賞者の美感を満足させ、同時に自分自身を鑑賞者の前に投げ出す人種のことだ。美感が性本能の親戚で、野蛮さを共有していることを思えば、鑑賞者にとっては作品より芸術家自身のほうが大きな贈り物かもしれない。」

　土屋訳は中野訳と同じ正しい読みかたをしているだけでなく、曖昧さが除かれてかえって読みやすい。しかし、なぜ原文の流れを維持しないのでしょう。これは翻訳というより説明じゃないでしょうか。原文の形が透けて見えるような訳文を理想とする者としては不満です。それから、文字どおり **punctilious** になることを許していただけば、「荘厳・美麗なる装飾」の箇所、ナカグロだと or じゃなくて and になってしまうのではないか。

　話が訳しかたの問題に移ってきましたが、今回読んだ8種の『月と六ペンス』のなかで、原文の形を崩し、原文の流れを変えて訳文を作るという点で土屋訳は突出しています。

　まず出だしです。原文の最初の2文（1–4行目）は、①はじめてストリックランドに会ったときは普通の人と変わらないと思った→②しかし今では誰もがストリックランドの偉大さを認めている、となっていて、ここから第③文以降の「偉大さ」についての考察へとなだらかにつながります。ところが土屋訳は①と②を逆転させる。

　「いまでは、チャールズ・ストリックランドの偉大さを否定する人

などまずいない。だが、白状すると、私はストリックランドと初めて出会ったとき、この男にどこか普通人と違うところがあるとは少しも思わなかった。」

　意味は原文と変わりないだろうけれど、形が、流れが、違う。これは翻訳というものについて土屋氏とぼくとで考えかたがまったく異なるからなのかもしれません。あるいは、いちばん新しい翻訳として新味を出そうと無理をされたのか。とにかく、②→①と持ってきましたから、③へと自然につながってくれません。②→①とくると、「目は親譲りの節穴で子供の時から損ばかりしている。」とでもつづきそうな気がしちゃう。

　そのためもあるのでしょう。土屋訳は第2文までを第1段落にして、改行して第3文を始めています。ついでに見ておきますと、土屋訳は原文の第1段落を3段落に分けている。他には龍口訳が2段落に、抄訳である大岡訳（小学館地球人ライブラリー）が原文17行目 merits までをなんと6段落に分けた。改行の位置を変えるのは御法度というわけではないでしょうが、段落の作りかたにも原作者の個性が出ます。変えないですむものなら変えずにすませたい。大岡訳は1文か2文で改行だから、モームとは様子がだいぶ違う。文章の上端がギザギザと鋸みたいだ。

　原文17-20行目の **It is still possible to discuss his place in art, and the adulation of his admirers is perhaps no less capricious than the disparagement of his detractors; . . .** でも土屋訳は「もちろん、賛美者の絶賛などは、誹謗者の罵倒同様、多分に気まぐれなものだ。だから、画家としての地位はまだ揺れ動くかもしれないが、……」と引っくり返してきます。どうしてこんなにいじくるのか不思議でなりません。この箇所、行方訳は「芸術家としての彼の地位については、まだ議論の余地があるだろうし、賞賛する者たちの絶賛は、批判者の非難と同じく、もしかすると当てにならぬものなのかもしれない。」と真っ直ぐですし、**perhaps** の解しかた、訳しかたが正確です。

　最後は30年前に引いた赤い傍線に戻りまして、訳文全体の調子

に関わる話をします。4つまとめてご覧ください。

① 「それらは畢竟するに、彼等の人間そのものよりも、彼等が占める地位に伴う偉さであるにすぎない。」（原文6–7行目）
② 「そこへ行くと、チャールズ・ストリックランドの偉大さは本物だった。」（原文11行目）
③ 「芸術家としての彼の位置に異論をさしはさむことは、むろん今でも可能であるし、……」（原文17–18行目）
④ 「それに引替え、この官能的で、そして悲劇的なクレタ島人（エル・グレコのこと）は、……」（原文25行目）

なぜこれらの語句に赤線を引いたかというと、対応する英語が原文にないのです。原文にあるのはパンクチュエーションと間だけです。もちろん、英語と日本語とでは文と文の間のとりかたが違うこともあるだろうから、原文にないつなぎの言葉を補ってはいけないとは言い切れない。補わないと日本語としてパラパラ感が強くなりすぎる場合はたしかにあります。そして中野訳はじつに調子がよくて、気持ちよく読める。各文末の処理が非常に巧みであるうえに、文と文との意味のつながりを明確にする言葉がぴたり、ぴたりと決まっているからです。

でもなあ、ちょっとやりすぎじゃない。サマセット・モームじゃなくて中野好夫じゃないの、これは。と、「我慢する翻訳」を標榜する小心者としては思うわけです。他の翻訳を覗いてみましょう。まず、①のところに「畢竟するに」のような言葉を補った訳はほかにありません。②の「そこへ行くと、」のところは、「そこへゆくと、」（厨川、行方）、「そこへいくと、」（龍口、土屋）、「だが、」（北川）、「が、」（大岡）という具合でほとんどの訳者が補っている。何も補わなかったのは阿部訳のみ。③のところに補ったのは、中野訳のほかは土屋訳です。すでに見たように、「もちろん、賛美者の絶賛などは、誹謗者の罵倒同様、多分に気まぐれなものだ。だから、画家としての地位はまだ揺れ動くかもしれないが、……」と2語を補った。④の「それに引替え、」のところはどうでしょう。ここはベラスケス

とエル・グレコを対比する箇所でしたね。「そこへゆくと、」(厨川)、「だが、」(阿部)、「ところが」(龍口)、「その点、」(行方、土屋)とほとんどの訳者が補っている。補わなかったのは北川訳のみ。

ぼく自身は阿部訳の方針に賛成です。つまり、補うのが必要なのは④だけだと思う。④のところは補わないと、ベラスケスとエル・グレコの対比だということがひどくわかりづらい。北川訳をご覧ください。「……、彼にたいする賛辞は通例のことで、在り来りになり、官能的で悲劇的なクレタ島人は、そそり立つ犠牲(いけにえ)のように、その魂の神秘を示している。」 前の文からそのままつづけ、読点だけでつないで失敗しています。

ところで、原文25行目のコロンはセミコロンのほうがよいと思いませんか。前後の重さが釣り合っているのですから。そのセミコロンが日本語にないから、何か補わないとならない。

①、③、④については多数決に従った形ですのでこれ以上申し上げませんが、②については少数派なのでもうすこし考えを述べます。中野訳に始まったこの「そこへ行くと」は確かに文章の流れをつかみやすくしてくれる。でもそれは先の予測がつきやすくなるということ、この文の当たりを柔らかくしているということです。つまりインパクトを減じている。英語でも **In contrast** とか何とか、つなぎの言葉を用いることもできる。しかしモームは使わずに **The greatness of Charles Strickland was authentic.** と短く強く書いた。それを阿部はそのまま「チャールズ・ストリクランドの偉大さは本物だった。」と訳した。読めば「そこへ行くと」がなくても構わないことがわかるばかりでなく、断りなしに斬り込んでくる原文の鋭さが保たれていて、はっとします。なお、阿部が深く考えずに訳したために「そこへ行くと」を補わなかったという可能性は低い。古いほうの訳で阿部は「チャールズ・ストリクランドの偉大さは、本物だった。」と読点を打っていたのです。岩波文庫に入るとき、わざわざその読点までとった。これは、確信犯です。

この翻訳講座では、英文の意味を正確に読みとることはもちろんですが、原文の形を意識すること、原文の流れを尊重することに努

めました。翻訳とは本質的に形を捨てて意味をとる作業ではありますが、訳文に反映することのできる形もある。そのような立場からは、ほとんど素っ気ないと言いたくなるくらい、けれん味のない阿部知二訳に魅力を感じました。

　なお、翻訳を引用するさい、必要があると思われる場合を除いてルビや割注を省略しました。また、下線はすべて筆者が施したものです。

あとがき

　本書の第Ⅰ部「文法＋α」では、日本の中学高校で教えるのとはすこし違う角度から英語の文法について考え、そのさい多くの例文を読者に見ていただきました。まずは英語そのものの姿、形をよく見てほしい。ですから例文の1つ1つに日本語訳はつけませんでした。英語の形をよく見ないで、意味ばかりとろうとする勉強法は、私見によれば、駄目です。さらに、意味をとることと、英語を日本語らしきものに置き換えることと、この両者の混同の上に立った勉強法は、私見によれば、ぜんぜん、駄目。

　本書の第Ⅱ部「翻訳＋α」では、現代イギリスの小説家 Graham Swift の短篇 'Our Nicky's Heart' を日本語に翻訳しました。小プリニウスが言ったように、翻訳の練習からは「適確な語法、豊富な語彙、多くの文彩、論旨を展開させる能力、その上に最高の作家の模倣によって類似の文章を創作する能力が養われます。それと同時に、読んでいるとつい見逃すものも、翻訳していると決して見落とさないものです。この修練で、理解力と判断力が、次第に身につきます」（國原吉之助訳）。加えて観察力も。そればかりか、翻訳をしていると2つの言語について、そして言葉そのものについて、自然と考えさせられる。だから、翻訳は面白い。

　でも、英語を読むことと、それを日本語に訳すこととの関係、とくに学習上の関係を誤解しないでいただきたい。両者の関係はこうです。よく読めなければ、よく訳せない。よく読めても、よく訳せるとは限らない。以上です。つまり、よく読めないのは、よく訳せ

ないせいではない。ですから、英語が読めるようになるために、訳すという勉強法が必要なわけではありません。ことにまだ英語がよく読めない初心者、中級者は、とにかく英語そのものをたくさん読むこと、たくさん聴くことに時間をかけるべきです。

　もっとも、たくさん読んで聴いているつもりでも、ふつうの環境で外国語として勉強していれば、その量は知れていて、だから母語について自然に身につくような感覚は自然には身につかない。それを補うために必要なのが文法の体系的な学習ですが、文法というのがまた面白い。その面白さを読者に伝えることも本書の眼目のひとつでした。

　本書ができあがるについては、とくに三人の方のお蔭をこうむりました。まず、大学で研究室がお隣で、言語学がご専門の高見健一先生は、本書第Ⅰ部の初稿すべてを丹念に読まれ、さまざまなアドバイスをくださった。同僚ではありますが、じっさい多くを教えていただいているので先生とよびます。二人目は、本書中に「英語を母語とする同僚」として登場する詩人にして文学博士のAndrew Fitzsimons氏。言葉についての知識が広くて深く、わたしにとって文字どおり「有り難い」人です。最後は研究社の星野龍さん。『英語青年』の編集長として、本書第Ⅱ部のもととなった「英語小説翻訳講座」の連載時からお付き合いくださり、本書の企画から完成まで面倒を見てくださった。拙稿のすべてに好意的な感想をひねりだし、書き手を励ましてくださいました。

　御三方に心より御礼申し上げます。

2010年7月

　　　　　　　　　　　　　　　　　　　　　　　　　真野　泰

《著者紹介》

真野　泰（まの やすし）

1961年生まれ。学習院大学教授。東京大学法学部卒、同大学教養学部イギリス科卒。同大学大学院総合文化研究科地域文化研究専攻、修士課程修了。
専門はイギリス文学。訳書に、グレアム・スウィフト『ウォーターランド』『最後の注文』、イアン・マキューアン『時間のなかの子供』『夢みるピーターの七つの冒険』、ジョン・マグレガー『奇跡も語る者がいなければ』、ノースロップ・フライ『世俗の聖典』（中村健二氏との共訳）がある。

英語のしくみと訳しかた

2010年 8 月25日　初版発行
2024年 7 月31日　7 刷発行

著　者　真野　泰

発行者　吉田尚志

発行所　株式会社 研究社
　　　　〒102-8152 東京都千代田区富士見2-11-3
　　　　電話　営業(03)3288-7777(代)　編集(03)3288-7711(代)
　　　　振替　00150-9-26710
　　　　https://www.kenkyusha.co.jp/

印刷所　TOPPANクロレ株式会社

本文・装丁デザイン　亀井昌彦（株式会社 シータス）

KENKYUSHA
〈検印省略〉

© Yasushi Mano, 2010
ISBN 978-4-327-45232-2 C1082　Printed in Japan